ヤマザキマリの世界逍遥録Ⅱ

JAL BOOKS

まえがき

私の人生は子どものころから移動と共にありました。生まれたのとは違う場所で育ち、幼いころから演奏家の母親の地方公演には頻繁に同行、夏休みや冬休みには祖父母に会うために1人きりで飛行機に乗るのは当たり前。14歳で1カ月間欧州をひとり旅したことも、17歳で単身でのイタリア留学も、自分にとってそれほど特別なことではありませんでした。

私のイタリア生まれの息子も、幼少期の数年間は日本で過ごし、その後は中東のシリア、イタリア、ポルトガル、アメリカといった国々で生活してきたために、今でも近所に出かけるような感覚で外国に旅に出ています。

旅は、人間という生き物がこの地球という惑星の、それぞれの持ち場において、どのような歴史を築き、どんな性質の民族になっていったのか、世界で起きている事象を理解し、冷静に向き合うためにも大事な手がかりとなってくれます。旅は私や家族にとって、人生の教科書のようなものだと言えるでしょう。

なので、コロナ禍による旅の抑制は大事件でした。夫はイタリア、私と息子は日本で足止め状態となり、国外どころか国内での移動もできなくなってしまい、透明な壁に囲まれてしまったようなパニックに陥ってしまいました。

しかし、我々人間に備わっている想像力は、危機的な状況でこそ驚くほど旺盛な力を発揮してくれます。バーチャルマップ上であれば世界中を訪れることもできますし、旅行記を読んだり、世界の映画を見たり、コロナ禍は、時にはこうした移動を伴わない旅も大事なのだと気がつくきっかけとなりました。

2冊目となるこの「逍遥録」も、たとえなかなか旅行に行けなくても、旅に出るのが億劫でも、手元にあるだけで自分が生きている場所はもっともっと広いんだということをあなたにお伝えできる、そんな一冊になるよう願っております。

ヤマザキマリの世界逍遥図

世界地図を広げてみよう。
そこには何がある? そこにはどんな人たちがいる?
渡り鳥の白鳥のように時には翼で、
時には想像力を使って行き着いた地には、
自分の世界を広げる"何か"が待っている。

16 キューバ マリア・ラ・ゴルダ
17 カンボジア シェムリアップ
18 イタリア ローマ
19 北海道 厚真
20 アメリカ ロサンゼルス
21 ドイツ ケルン
22 フィジー タベウニ島
23 フランス ニーム
24 スペイン バルセロナ
25 モロッコ カサブランカ
26 沖縄 今帰仁
27 カナダ トロント
28 イタリア シチリア
29 トルコ カッパドキア
30 イタリア トリノ
31 イタリア アクイレイア

1 イタリア ヴルカーノ島
2 長野 山ノ内
3 熊本 人吉
4 ブラジル イタパリカ島
5 イタリア パドヴァ
6 アメリカ セイラム
7 タイ バンコク
8 カナダ ケベック
9 アメリカ ケープコッド
10 インドネシア バリ島
11 デンマーク コペンハーゲン
12 佐賀 伊万里
13 ブラジル イグアス
14 スペイン サンティアゴ・デ・コンポステーラ
15 アメリカ サンディエゴ

目次

第1章　温泉

第2章　文化

第3章　動物

第6章　家族

第7章　遺跡

第1章

Hot Spring

温泉

Italy

ヴルカーノ島の泥温泉

イタリアと日本はお互い南北に細長く、火山国という共通点がありますが、私が『テルマエ・ロマエ』という双方の土地で発達した浴場文化の比較を漫画で描きたくなったのも、そう考えると至極自然な成り行きだったと言えるでしょう。イタリア国内には北から南まで実にさまざまな温泉が湧いていますが、その中でも特に印象的だった南部エオリア諸島ヴルカーノ島の泥温泉をご紹介しましょう。

エオリア諸島はシチリア本島からフェリーで1時間ほど、そのすべてが火山性の島々で、今でも活発な火山活動が続いている島もあります。ヴルカーノ島はエオリアでは3番目に大きな島ですが、噴火形態はまさにその島の名を取って〝ブルカノ式〟と呼ばれ、日本では桜島も同じ形態の噴火山です。こうした火山学にも大きな影響を与えたことによって、エオリア諸島の火山諸島は2000年にユネスコの世界遺産に登録されました。

ヴルカーノとは古代ローマ神話における火の神ウルカヌスが語源ですが、ギリシャ神話になるとこの島にはヘパイストスという鍛治を司る神が住んでいたとされています。確かにこの島にはそんな神々の気配を感じさせるように硫黄のにおいが立ち込め、海中に温泉が湧いているので冬でも海水浴が楽しめて、

1年中観光客が絶えません。

この島での最大の楽しみ方は何といっても泥温泉でしょう。といってもそこに素敵な温泉設備があるわけではありません、いうなれば巨大な泥だまりの底からボコボコと硫黄ガスが湧いているだけのワイルドな温泉です。入浴料も安く、オープンしているのも夏のみ。しかし、ここの泥はねっとりと密度が濃く、硫黄成分がたっぷり含まれているのがわかります。その分、美肌効果も画期的。ツルツルになった自分の肌をなでていると、温泉が火の神による恩恵だということを、しみじみ痛感させられるのでした。

夏の間のお楽しみ、
ワイルドな温泉の作用で
お肌もツルツル。

Nagano

地獄谷野猿公苑のお猿たち

日本の風土を紹介する海外のテレビ番組で、必ずといっていいほど登場するのが温泉に浸かるニホンザルの映像です。雪の降る山あいの露天風呂のお湯に、赤い顔をさらに火照らせて心地よさそうに浸かる彼らの姿には、入浴の習慣がない地域の人も癒やされるようですが、この温泉好きの猿たちは私の作品である『テルマエ・ロマエ』にも登場します。体を洗うためではなく、癒やしやエネルギー補充の目的でお湯に〝浸かる〟とい

う文化が日常に浸透していた代表的な民族といえば、古代ローマ人と日本人ですが、漫画には人間ではなくても温泉を愛するニホンザルたちを描かずにはいられませんでした。

作品では古代からタイムスリップして現れたローマ人の浴場設計技師と出会ったり、古代ローマ時代の温泉にワープしてしまったりするお猿ですが、漫画に描かせてもらった事後報告とお礼も含め、彼らに直接会っておこうと決めた私は、今から数年前、長野県の地獄谷野猿公苑まで出かけてみることにしました。

地獄谷野猿公苑は海外のガイドブックでも紹介されているので、現地ではさまざまな国々からきた観光客たちの姿が目立ちます。それほど寒い時期ではなかったのでお湯に浸かっている猿はほんの数匹でしたが、それでもしっかりと目を瞑《つむ》って、じんわりお湯の温《ぬく》もりに身を委ねている姿は、見る人の心と表情を緩ませていました。生き物たちが心底幸せそうにしている様子というのは、我々のメンタルにとってこの上ない栄養素となりますが、普段の生活に疲れた人には、シンプルに命を満喫している野猿公苑の猿たちの姿は元気回復に効果覿面《てきめん》かもしれません。

お猿と別れた後は人間用のお風呂を求め、麓の渋温泉郷へ。趣ある旅館の湯船の中で、何はともあれ、この世に温泉があってよかったね、と山の猿に呟きかけながら、地球の恩恵を心ゆくまで堪能したのでした。

温泉の癒やし効果を体感する、
赤いお顔のニホンザル。

Kumamoto

昭和が香る、人吉の共同湯

温泉大国の日本では、どこであろうと温泉が湧いていると聞けば無意識に足が向いてしまう私ですが、なかでも地元の人が利用する共同浴場の気負わない雰囲気が大好きで、特に印象的だったのは熊本県人吉の共同浴場でした。

　人吉は有名な大温泉観光地というわけではありませんが、この街出身の友人に「地元にいくつもある銭湯のすべてが温泉だった」と聞いてからというもの、いつか行ってみなければとい

う思いを募らせていました。

私が訪れた〝元湯〟と〝新温泉〟という二つの老舗の共同湯はどちらも創業が昭和の一桁代、新温泉のほうは当時のままという建物の外観や脱衣場の趣に思わず歓喜し、漫画の資料用にと写真を撮りまくってしまいました。人吉城跡のそばにある元湯では、湯船に浸かっていると地元の人懐こいお婆さんから声を掛けられ、お喋りがはずんでついつい長湯になってしまいました。観光客用の温泉と違い、普段使いされている共同湯を利用するのはたいがい馴染みの人ばかりでしょうから、新参者が現れれば気になるのは当然です。球磨《くま》の方言でお婆さんが子どもの頃から親しんできた人吉の温泉自慢が始まり、私もそれを受けて、自分が暮らすイタリアでも温泉は何千年も昔から欠かせないものだったと返します。素っ裸でお湯に浸かりながらのお喋りに気兼ねは必要ありませんし、地元の人々が心身から寛いでいる様子を目の当たりにするのも、お湯の効果と同様によい癒やしになります。

人吉は令和２（２０２０）年の水害で大きな被害を受けました。元湯は復旧を果たして営業を再開していますが、新温泉は残念ながら浴場建物のみを木造遺産として残すことに決められたそうです。ほかにも廃業を余儀なくされた浴場はあると聞いていますが、人吉と人吉の人々の魅力は私のなかでいつまでも色褪せることはありません。またそのうちお湯に浸かりながらのお喋りを期待しつつ、赴いてみようと思います。

歴史ある共同浴場ではずむ、
地元の人との心地よいお喋り。

第2章

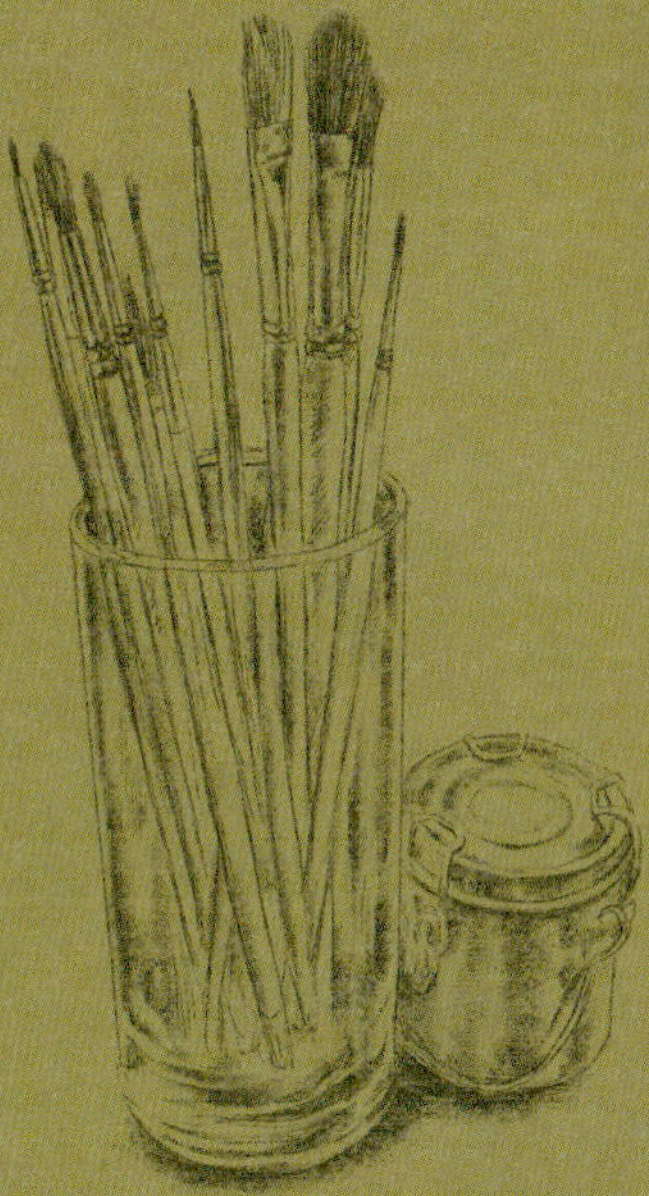

Culture

〔文化〕

Brazil

憧れの地、イタパリカ島

私の旅は、行き先も滞在中の訪問場所も、そのときの流れや突発的な偶然で決まることがほとんどですが、ごく稀《まれ》に、自分の好きな映画の撮影地が旅の目的地となる場合もあります。

なかでもブラジル北東部にある都市サルバドール近郊の小さな島、イタパリカは学生時代から私にとって憧れの地でした。ここは１９７６年のブラジル映画『未亡人ドナ・フロールの理想的再婚生活』の舞台になっていますが、そこで繰り広げられ

る映像は作家ジョルジェ・アマードの原作からイメージしていた雰囲気そのもので、のどかで美しいブラジルの小さな街や景色が魅力的に映し出されています。ブラジル屈指のミュージシャンであるシコ・ブアルキが手掛けたリズミカルかつやるせないテーマ曲がまたこの島の魅力を際立たせていて、私にとってどこよりも行ってみたい場所になりました。

20年ほど前、その念願を叶《かな》えるために初めてこの島を訪ねたときは、映画のなかで主人公が歩いた海岸や広場など、撮影に使われた場所をかたっぱしから散策しました。イタパリカ島へは多くのブラジルの文化人も安息を求めて訪れているとは聞いていましたが、確かに人影のまばらな中心街を見ても、通りをゆく人々を見ても、ブラジル本土とは違う、優美で静かな時間

【ジョルジェ・アマード】

（1912～2001年）

ブラジル文学を代表する作家。世界的に広く紹介されているポルトガル語作家であり、作品は多言語で翻訳されている。1977年にはノーベル文学賞候補となった。


【シコ・ブアルキ】

（1944年～）

ブラジルの詩人、歌手、音楽家、作曲家、劇作家、小説家。1964年にデビュー以降、多くの作品を発表。シンガーソングライターとして名を馳せるほか、著作でもブラジルの文学賞を受賞している。

が流れていました。

途中道に迷って行き着いた波止場では、真っ青な空を背景に、ブラジルで愛されているイペーの木が大きく伸ばした枝いっぱいに鮮やかなピンク色の花をつけていて、その木陰には数人の褐色の肌をした少年たちが、太陽の光を受けてきらきらと光る海に飛び込んで遊んでいる姿がありました。目も覚めるような色彩と生命力溢れる子どもたちの姿に心奪われ、しばらくその場に立ち尽くしましたが、あれはまさに、実際そこまで足を運ばなければ目の当たりにできなかった、イタパリカ島からの美しい贈り物だったと思っています。

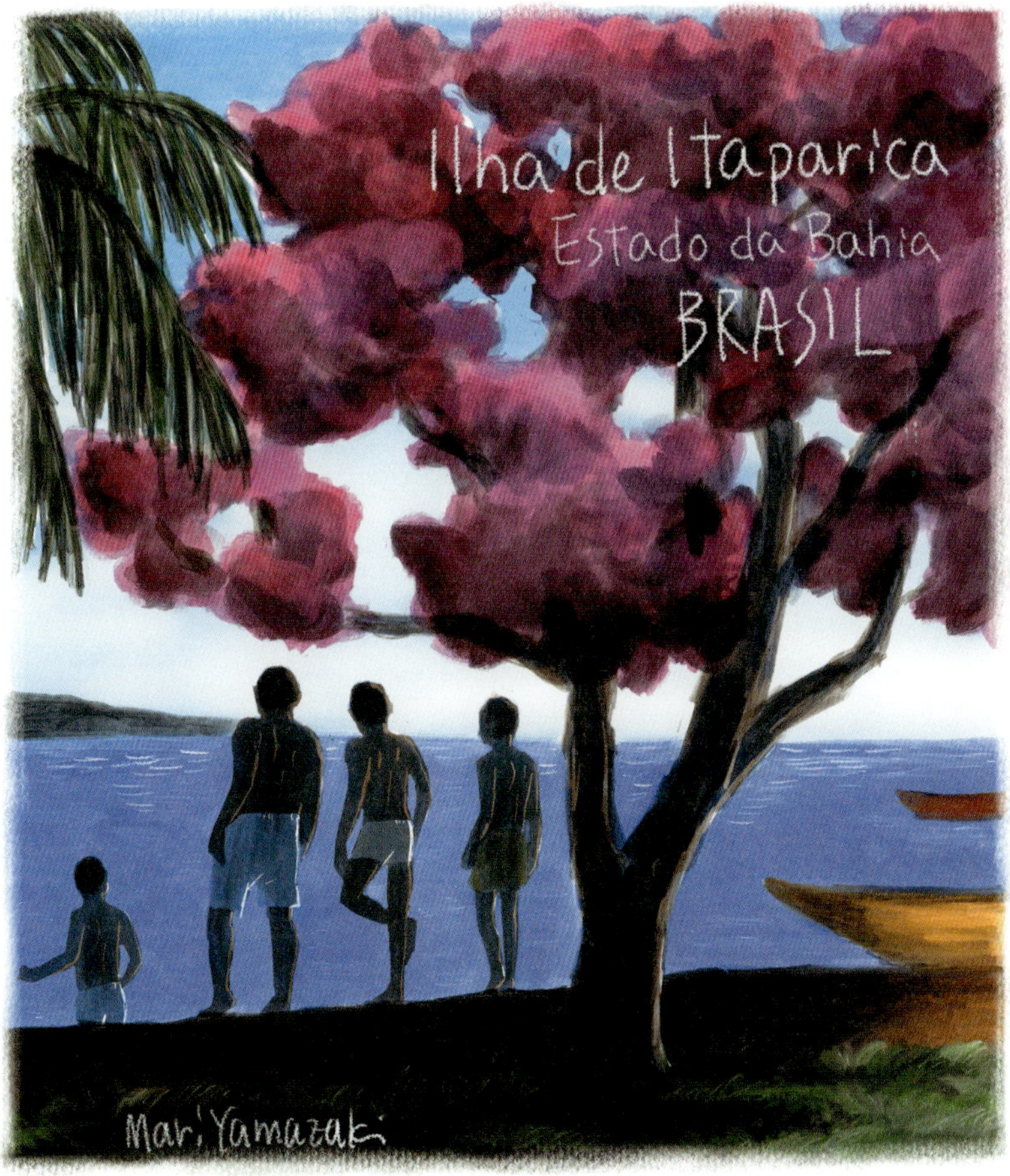

好きな映画の舞台で心奪われた、
生命力溢れる子どもたちの姿。

Italy

パドヴァ、わが愛しの街

水の都ヴェネツィアから車で約30分に位置するヴェネト州の古都パドヴァ。この都市の特徴は、1222年創立とイタリアで2番目に古く、現在6万人の学生数を誇るパドヴァ大学を軸とした、どこか厳かでアカデミックな空気感かもしれません。実際、この街の住人の多くはパドヴァ大学の学生および関係者といわれています。イタリア南部などを旅して出会う現地の人にパドヴァに暮らしていると話すと、「あんな真面目な街に住

んでいるのか！」と言われることもありますが、国内ではどうやらそんなイメージの都市のようです。

ルネサンスの時代には、内乱でフィレンツェを追われた貴族や富豪がこの都市に暮らしていましたし、さらに遡《さかのぼ》れば、パドヴァは古代ローマ時代には北部の都市と南部をつなぐ拠点として経済的にも栄え、その遺構は今でも市内に残っています。パドヴァから少し足を延ばせば古代から利用されていた温泉地もあり、コンテンツとしてはなかなか私好みが集約された街でもあるのでした。

世界を転々と暮らし歩いた私と夫が、10年前からこの街に居を構えた理由は、そうした街の性質もさることながら、もともとパドヴァ近郊出身でパドヴァ大学の卒業生である夫にとって、気兼ねのいらない住み心地のよさがあったからなのでしょう。
現在暮らしている家も築500年の古い建造物ですが、家のそばにある中世の古い城砦の塔は天文観測所としても使われていて、かつてパドヴァ大学で天文学の教鞭をとっていたガリレオ・ガリレイもこの塔で天体観測をしていたそうです。

この塔と城砦をなしていた古い壁に沿って流れる川の畔《ほとり》を散策するのがパドヴァ滞在時の私の日課でしたが、ここに描いた絵のような光景とはもう2年以上もご無沙汰になっています。今年こそはこの塔を、夫から送られてくる写真ではなく、自分の目で再び仰ぎたいものです。

【ガリレオ・ガリレイ】（1564〜1642年）
イタリアの物理学、天文学、数学などの学者。当時発明されたばかりの望遠鏡を改良し、天体望遠鏡を発明した功績から「天文学の父」と称される。また物理学では、落体の法則や慣性の法則を発見し、数学的な方法を科学に導入した。

厳かでアカデミックな空気感と
気兼ねのいらない住み心地のよさ。

セイラムと魔女

ボストンの友人宅にしばらく滞在していたころ、日帰りのできる観光地として薦められて訪れたのがセイラムでした。セイラムは古くから漁業と貿易で発展した街でしたが、鎖国時代にオランダの商船と偽って日本と交易を行っていた過去があるそうで、地元のピーボディ・エセックス博物館には日本の美術品も展示されています。この街に暮らし、日本の大森貝塚を発見したことでも知られるエドワード・S・モースはかつてこの博

物館の館長を務め、さらに、明治時代にお雇い外国人教師として日本を訪れ、岡倉天心らと交流を深めた東洋美術史家のアーネスト・フェノロサもセイラムの出身。何かと日本とは深い縁のある街なのです。

　しかし、多くのアメリカ人がセイラムという街の名を聞いて思い浮かべるのは「魔女」でしょう。17世紀には大規模な魔女狩りと魔女裁判が行われ、実際何人もの女性たちが制裁を受けたという史実は多くの書籍や映画、ドラマにもなっています。一方、現代においての「魔女」は昔のような排除の対象というより、特異ではあっても親しみやすい存在として浸透しています。実際街の佇まいも板塀やレンガの家屋が立ち並ぶ素敵な小都市ですし、通りを歩いていると魔女の帽子をかぶった観光客

【エドワード・S・モース】

（1838〜1925年）

アメリカの動物学者。1877年に来日し、大森貝塚を発見・発掘。日本の縄文時代の存在を明らかにしたほか、東京大学で動物学を教えるなど日本の科学教育の発展にも寄与した。


【アーネスト・フェノロサ】

（1853〜1908年）

アメリカの東洋美術史家・哲学者。1878年に来日し、東京大学で哲学などを教え、日本美術の保存と復興にも大きく貢献。また、岡倉天心と共に東京美術学校（現・東京藝術大学）の設立に関与し、日本美術の教育と普及に尽力した。

や、魔女グッズを扱うお店がいくつも目に入ってきます。街には魔女裁判や制裁に関する博物館などもありますが、そもそも魔女とはなんなのか、なぜそうした迫害が発生したのか、セイラムのこうした施設は人間と社会史を知るよいきっかけにもなるでしょう。

黄色や橙色《だいだい》の美しい落ち葉の積もった道を歩いていると、TVドラマシリーズ『奥さまは魔女』の主人公であるサマンサが箒《ほうき》に乗って微笑んでいるブロンズ像と出会いました。つらい過去をふまえつつ魔女をこんな素敵なキャラクターに進化させてしまうのも、アメリカらしい文化だといえるかもしれません。

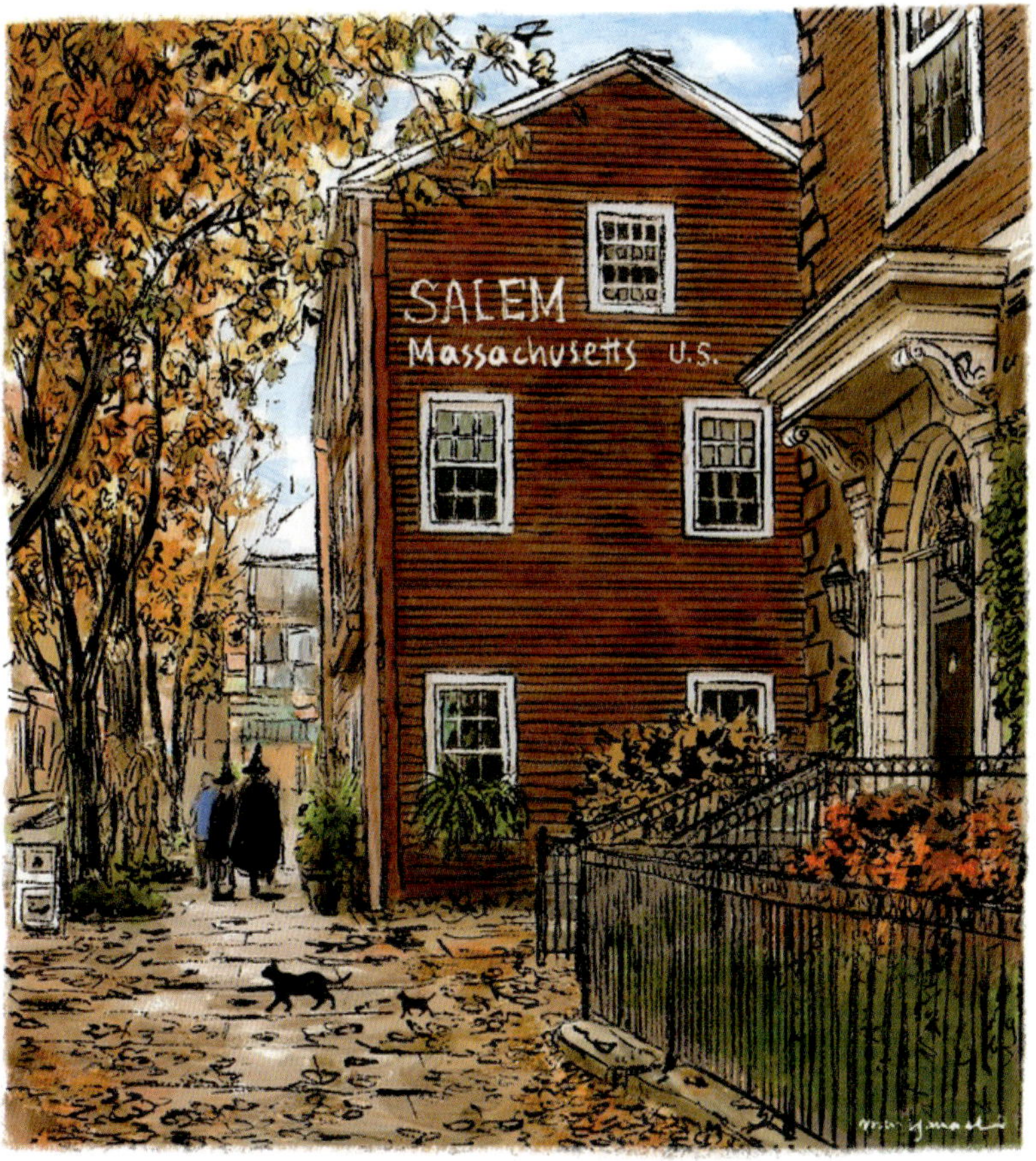

日本とゆかりのある街で、
魔女の歴史とグッズに親しむ。

Thailand

なりたい自分になれる場所

今から10年ほど前に遡《さかのぼ》りますが、テレビの仕事でタイの首都バンコクを訪れました。日本の漫画やアニメのコスプレを普及させている日本人女性の取材が目的です。

なぜバンコクでコスプレ人口が増えているのか、私には全く想像もつきませんでしたが、その日本人女性曰《いわ》く、タイ人の気質にコスプレはとてもマッチし、コスプレイベントを開けばたくさんの人々で賑わうのだそう。実際私も彼女が発行している

コスプレ雑誌の撮影現場に立ち会いましたが、被写体になっていたのは、某人気漫画のキャラクターになりきったスタイル抜群の美女2人。衣装もそれぞれ自分たちで作ってくるのだそうですが、細部に至るまでの完成度の高さには目を見張ります。仕事で稼いだお給料のほとんどがコスプレ費用で飛んでいってしまうそうですが、「でも、こんなに楽しいことはほかにはありません」と、嬉しそうに微笑んでいました。

その後、バンコクの街に出てしばらく散策しているうちに、私はあることに気がつきました。繁華街の通りには、本当にあらゆる様子の人々が入り交じっていますが、誰も人の目など気にしている様子などありません。

頭に荷物を載せた行商のおばさん、紫色の髪の女性、オレンジ色の袈裟を纏《まと》った上座部仏教のお坊さん、トランスジェンダーと思《おぼ》しき人、真面目そうなサラリーマン、奇抜な服を着た若者たち、裸足で歩いている褐色の肌の小柄なお爺さん。

　私の視界の範囲だけでもそれだけ多様な人々がいるわけですが、タイでコスプレが流行するその理由には、これだけの個性のある人々が一体化している社会という背景が関わっているのでしょう。自分たちがなりたいものになることを拒絶するような空気は、そこには全くありません。

　あらゆる人間の生き方を当たり前に受け入れる寛大な国。それが私にとっての初めてのタイの印象でした。

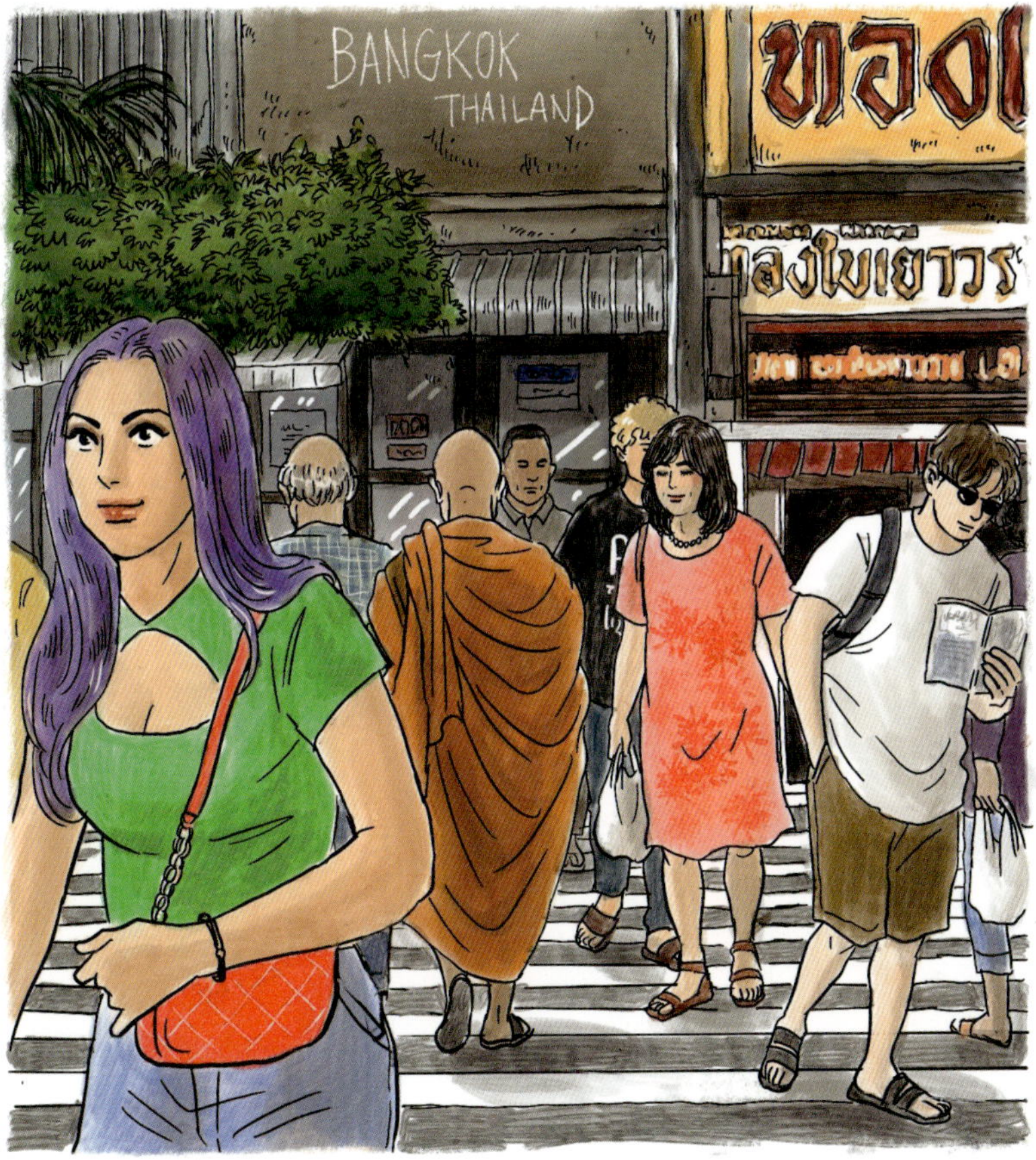

個性のある人々が一体化する社会、
寛大な国・タイ。

Canada

ケベック　真冬の川

それまでカナダという国に特別な興味を持つことがなかったのは、おそらく冬の寒さが厳しい北海道で幼少期を過ごしたからかもしれません。しかし今から20年ほど前、仕事で滞在していた米国マサチューセッツ州の小さな街に暮らす友人から、カナダの東部には独特な歴史と趣があると聞き、思い切って車でケベック・シティまで行ってみることにしました。

季節は冬の真っ只中、頭の先から足の先までしっかり防寒を

して、北へ向かう吹雪の針葉樹の森の道で鹿の群れと遭遇しながら、やっとのことで辿り着いたケベック・シティの気温はなんとマイナス30度弱。北海道でも寒い経験はしていますが、鼻の中だけではなく、眼球すらも凍りつきそうな感覚に、古《いにしえ》の入植者たちの一筋縄ではない根性と勇気を感じずにはいられませんでした。

ケベック・シティは北米では最も古い歴史がある城郭都市ですが、１６０８年にフランスの地理学者サミュエル・ド・シャンプランが入植した際に小さな砦《とりで》を築き、その後毛皮の交易を中心とした商業都市へと発展していきます。既にその頃から存在し、北米で最も古い繁華街といわれるプチ・シャンプラン地区はまるでフランスの小都市のよう。ヨーロッパとアメリカ大

【サミュエル・ド・シャンプラン】

（１５６７年ごろ〜１６３５年）

フランスの地理学者、探検家、地図製作者。１６０８年にケベック市を設立し、フランスの北米植民地の基盤を築く。また、先住民との友好関係を築き、毛皮交易を推進した。

陸をつないだ歴史に思いを馳《は》せつつ、州の公用語であるフランス語での会話が飛び交う小径の散策にすっかり夢中になってしまいました。

そして何より圧巻だったのは、北米の五大湖と大西洋を結ぶ壮大なセントローレンス川を漂う流氷です。そのダイナミックな自然に触れて、あらためてこの地へ移り住んだ古の人々の生命力には感服するばかり。確かに寒くはあるけれど、それはこうした大自然が人間よりも優位な場所に来なければ得られなかった感動と言えるでしょう。流氷の流れる川の傍らに毅然と佇むケベック・シティは、まさに人間の生命力と逞《たくま》しさの証しとも言える都市なのです。

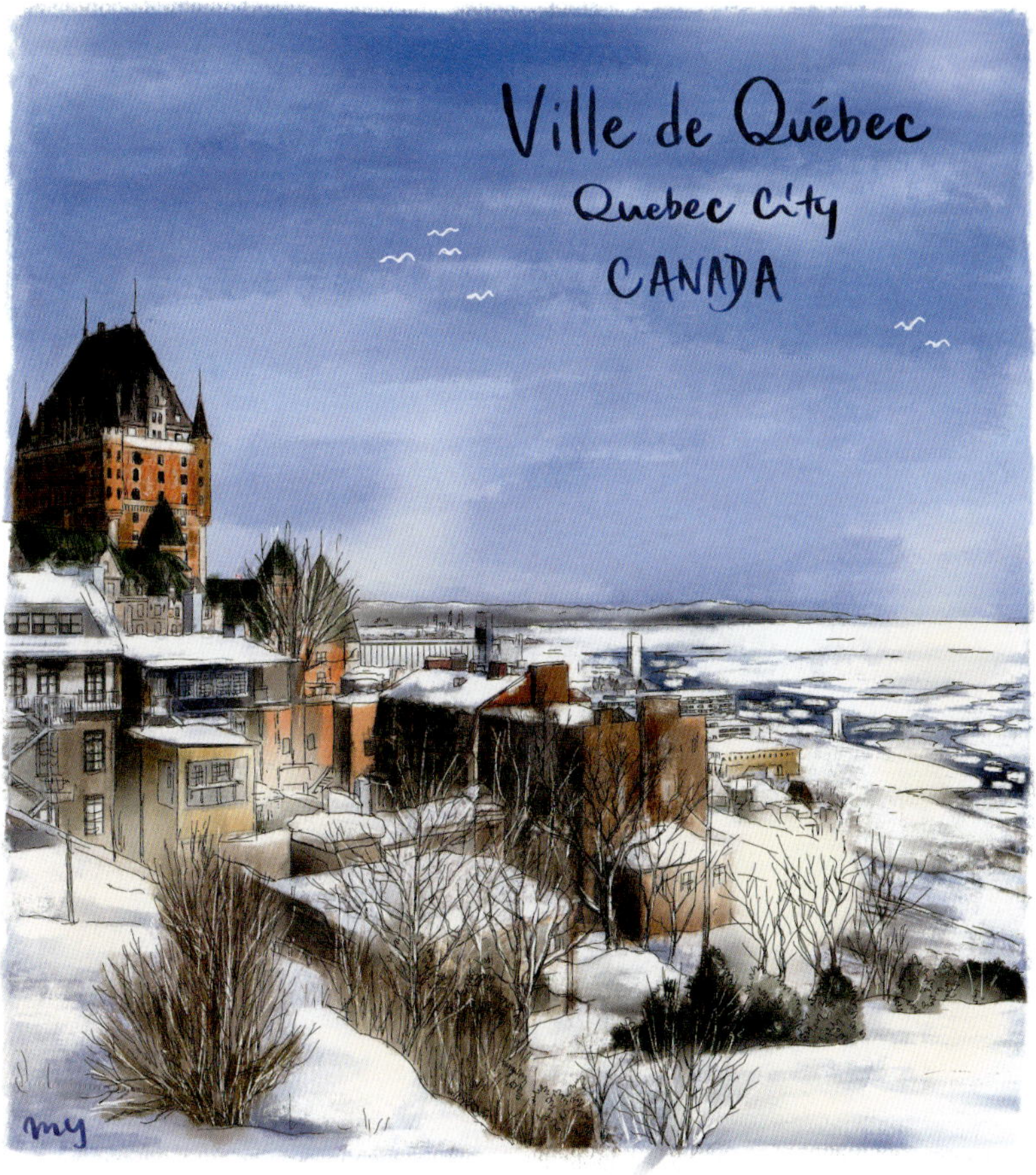

カナダ東部に位置する、
歴史ある城郭都市。

USA

ホッパーの描いた美しき寂寥感

アメリカ合衆国東北部、マサチューセッツ州の東端に、人が腕を折り曲げているような不思議な形の、ケープコッドと呼ばれる細い半島があります。鱈（コッド）の漁場でもあったことからそのような名称になったそうですが、この半島はもともと欧州から船でアメリカ大陸へ渡ってくる探検家たちの目印であり、北アメリカでは最初にヨーロッパ人が入った場所の一つでもありました。

歴史的に重要な土地でありながら、19世紀の思想家で博物学者のヘンリー・デイヴィッド・ソローが「野良犬が群れて彷徨《さまよ》っているような、地球上で最も興味をそそらない陰気さ」と書き残しているほど、当時この辺り一帯は殺伐とした、もの寂しい場所だったようです。

そんなケープコッドも今では人口23万人、古《いにしえ》のニューイングランドのノスタルジックな雰囲気と、ケネディ家の別荘所在地、ロブスターの特産地として有名となり、夏には多くの観光客が集まるようになりました。

私が初めてケープコッドの存在を知ったのは、子どもの頃、米国人の画家エドワード・ホッパーが描いた、半島一帯に点在する古い灯台や木造家屋の絵を通じてでした。当時暮らしてい

【エドワード・ホッパー】
（1882〜1967年）
アメリカの画家。都市や田園の風景、孤独感や静寂をテーマにしたものが多く、ニューヨークのダイナーを描いた『ナイトホークス』は代表作の一つ。光と影の巧みな使い方、シンプルでありながら深い感情を呼び起こす構図が特徴。

た北海道の空気感と、そこに描かれている雰囲気がどことなく似ていたのが強く印象に残りました。

それからだいぶたって実際にケープコッドを訪れてみると、私の目の前に広がっていたのはホッパーが描いた通りの、眩い光と強い影のコントラストが織りなす、どこか寄るべない切なさを湛えた光景であり、ホッパーがいかにこの土地の性質を熟知していたのかを痛感しました。観光客がすっかり姿を消した秋の国立海浜公園の砂丘には、褐色のアメリカンビーチグラスが風に揺れ、その向こうに広がるブルーグレーの海の寂寥とした美しさは、まさにケープコッド特有のもの。今でもあの捉えどころのない景色を思い出すと、心の老廃物がすっと払い落とされるような心地を覚えます。

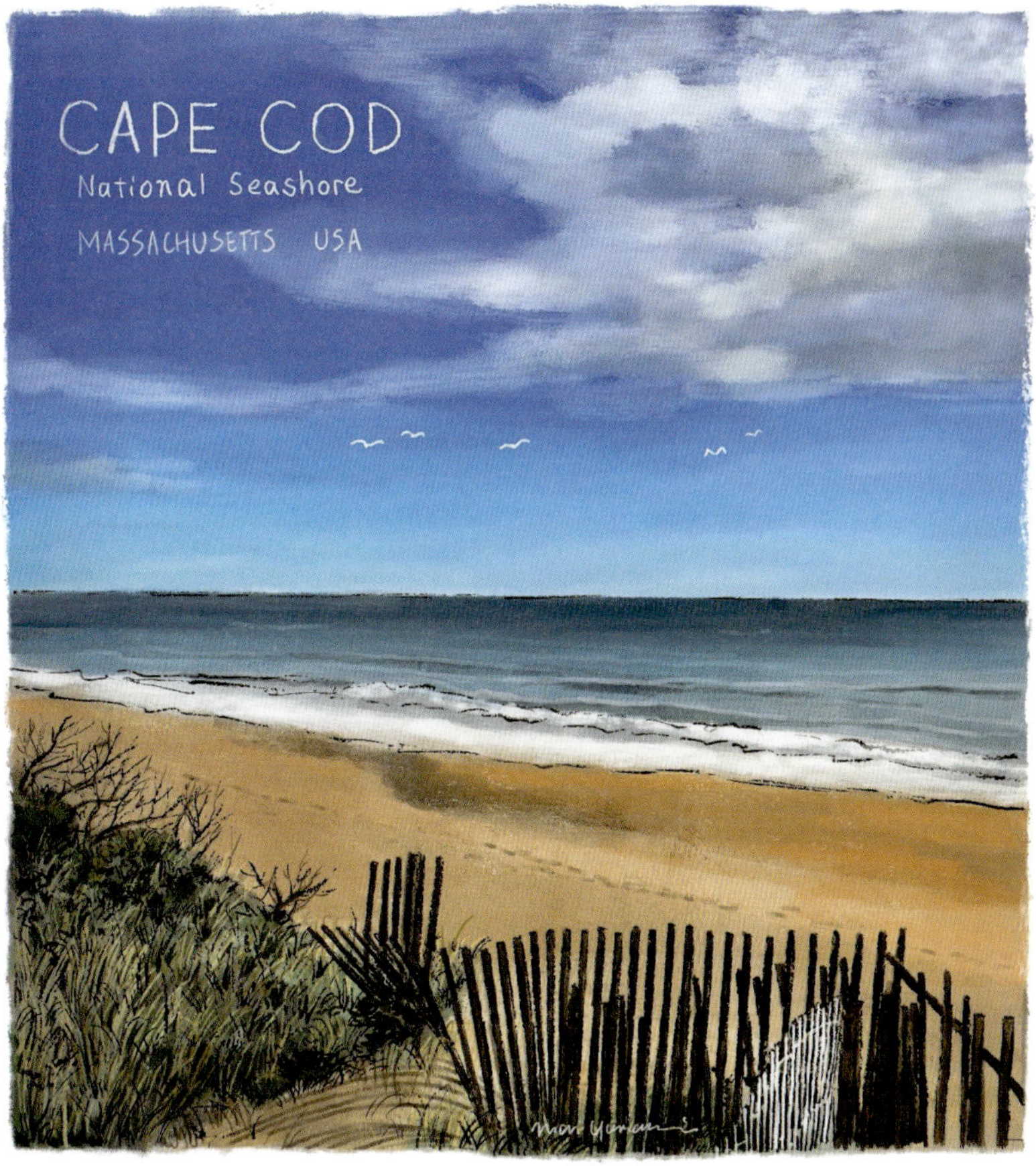

子どもの頃に見た絵そのものの
切なくも美しい景色。

二つのお面とバリ島の思い出

へそ曲がりな私はバリ島という観光地に出かけたときも、クタのような賑やかなリゾートエリアから離れた静かな地域のホテルを選び、滞在中はなるべく観光客の目に晒《さら》されていない素のバリ島を知りたいと思い、ある日丸1日タクシーを貸し切りにして、行ける範囲まで巡ってみることにしました。

ドライバー歴30年というその年配の運転手さんは、移動の間、デンパサールがかつてはバドゥン王国の首都でバドゥンと呼ば

れていたこと、19世紀末からオランダに侵攻された際に王宮も寺院も壊されてしまったこと、その後は日本軍の占領下におかれた話など、バリ島の歴史や概要をシンプルな言葉で上手に伝えてくれました。今は観光一色に染まってしまったから、そんな過去の悲しい面影はもう残っていない、という彼の言葉が深くまで染み入りました。

ひと気のない古いヒンドゥー寺院などを訪れた後に連れていってもらったのは、デンパサールの中で最も大きなバドゥン市場でした。観光客の姿はあっても生鮮売り場などは地元の人々で活況を呈しています。

散策していると、ふと古い調度品を売っている店が目に入ってきました。かなり年季の入った聖獣バロンのお面を一つ手に取って見ていると、年老いた店の主人《あるじ》が寄ってきて、長い舌を垂らした怖い形相のお面を指差し、これと対で買いなさいと勧めてきました。

あまりに真剣な顔つきで説得してくるので、戸惑いつつも結局二つとも購入。腑に落ちない気持ちでタクシーに戻り、一つだけ買おうと思ったのにもう一つ押し売りされたと伝えたところ、「聖獣バロンと魔女ランダは対でなければならない。白と黒、プラスとマイナス。どちらか一つであってはならないのがこの世界。だからあなたの買い物は正しい」とのこと。

バリ島での束の間の思い出は、この二つのお面の効果でいつまでも色濃く私の記憶に焼き付いているのでした。

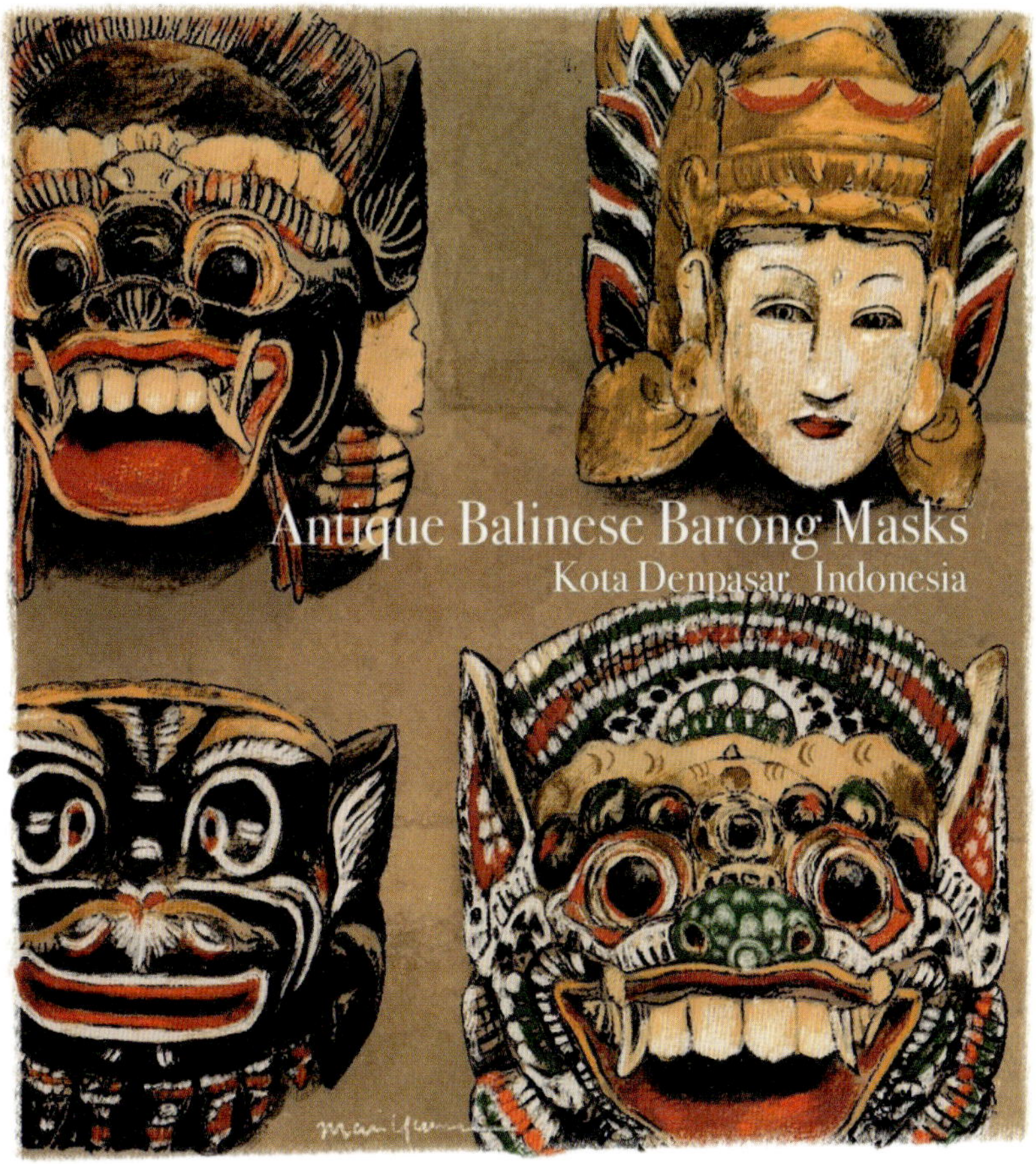

思い出深き聖獣バロンと
魔女ランダのお面。

Denmark

〝ニッセ〟とともにある暮らし

コペンハーゲンの歴史あるテーマパーク「チボリ公園」では、クリスマスの時期になると、北欧の民間伝承である妖精〝ニッセ〟を象《かたど》った人形の街が設けられることがありますが、20年ほど前にこのニッセの街を北海道でもつくるという企画に携わっていた私は、人形工房のあるデンマークの小さな村にしばらく滞在していたことがあります。

ニッセは地域によって〝トムテ〟とも呼ばれ、北欧諸国で民

間伝承として古くから言い伝えられている、小さな子どもくらいの大きさをした農家や民家の守護神です。代表的なニッセの容姿といえば、赤いとんがり帽子に白いヒゲを生やしたお爺《じい》さんですが、その佇まいから近代以降サンタクロースのイメージと重ねられるようにもなりました。しかし、住み着いた家を護《まも》りながらも、時々悪戯《いたずら》もすれば気難しくもある彼らの性質は、どちらかといえば、日本の座敷童子に近いかもしれません。

私が滞在していたデンマークの家でも、夜になると主人が米をミルクで煮た粥《かゆ》を毎日屋根裏まで運んでいましたが、日々家を護ってもらっている感謝として、特にクリスマス時期のニッセへの粥のお供えは決して忘れてはならないそうです。日常の平和がニッセのおかげであることを忘れ、調子にのって暮らしていると、納屋の干し草が盗まれたり、場合によっては火事になったりすることもあるといわれ、人前に現れることもなければ滅多《めった》に目撃もされないこの気難しい妖精を、北欧の子どもたちは敬いながら成長していくのです。

座敷童子のように、自分たちの生活が目に見えない何者かによって支えられている、という人間の横柄さを客観的に諭すような考え方のある地域へ行くとホッとするのは、おそらくそこに、人々の慎ましさや優しさを感じることができるからかもしれません。ニッセはそのように、人間の中にある、よい性質を引き出してくれる、大切な存在なのです。

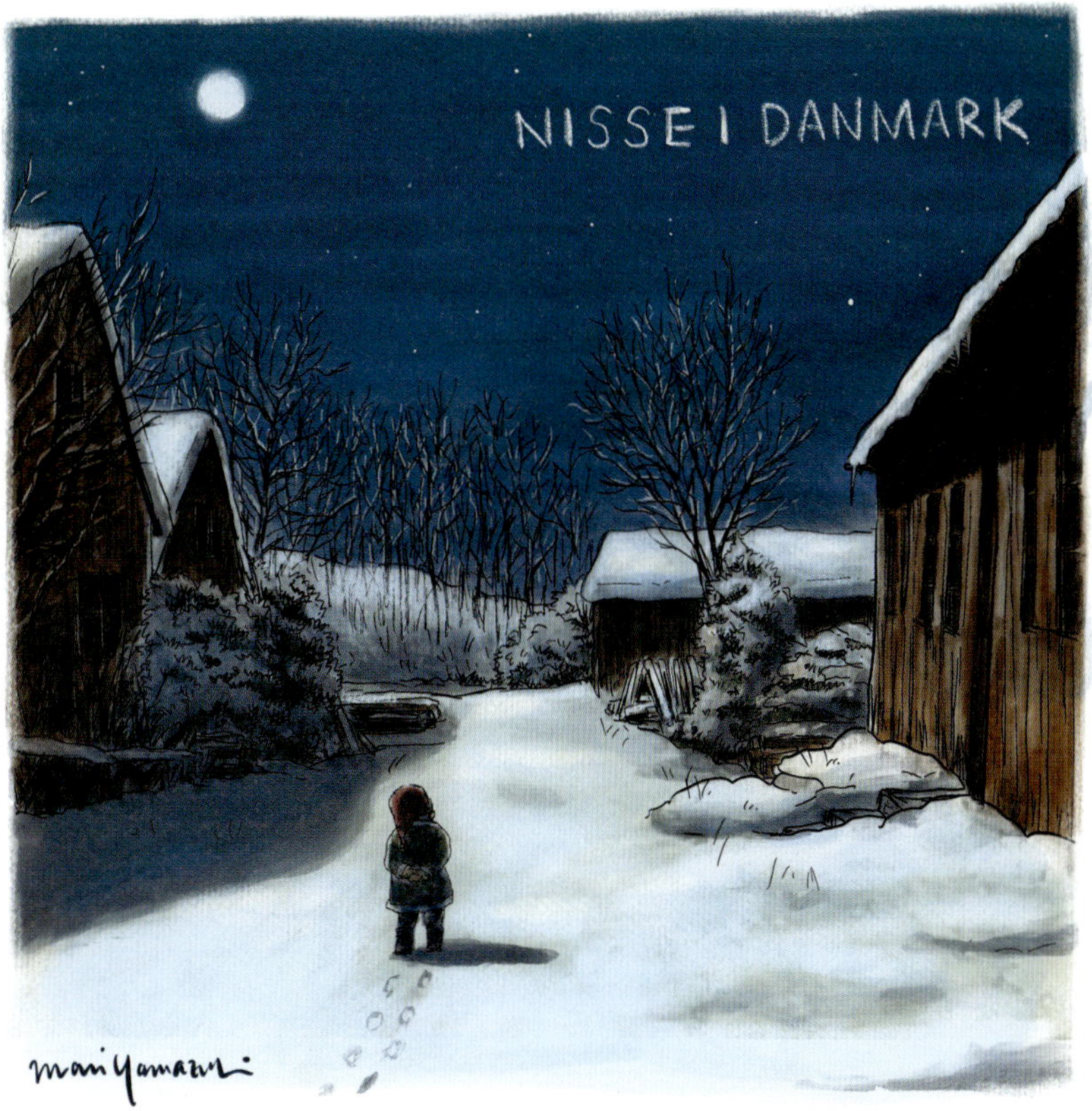

家を護り、時に悪戯で
人間を諭す小さな妖精。

Saga

秘窯の里の招き猫

夫の母方の実家は代々陶器の製造に携わっていました。今は閉鎖してしまいましたが、かつて夫の祖父が営んでいた工場には今でもそこで作られた陶器が残っていて、昔「これは日本の〝イマリ〟の模倣品だ」と東洋風の絵付けが施された皿を見せてもらったことがありました。当時の私はまだ17歳で日本の陶磁器の歴史や文化についての造詣などほとんどなく、伊万里焼が江戸時代、欧州貴族の間で大人気を博し、現地の陶磁器文化

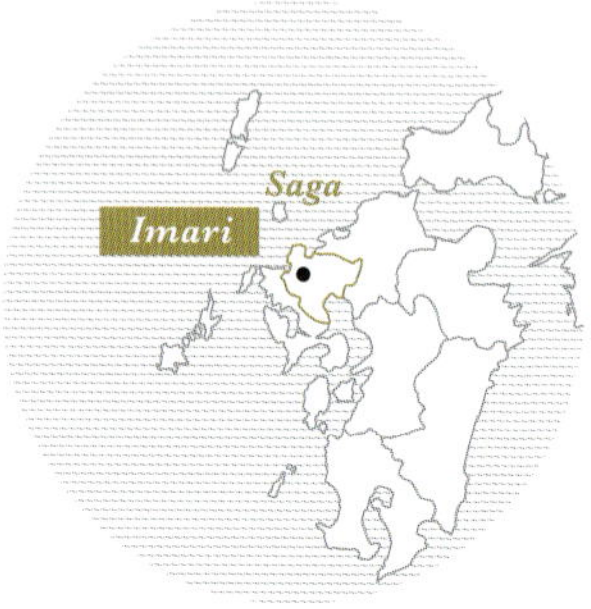

に大きな影響を与えたことを知ったのは、その後しばらくたってからでした。

数年前、佐賀へ仕事で出向いた折に伊万里市の大川内山を訪れたことがありました。夫の実家周辺もまたイタリアで有名な陶器の生産地なので、この機会にこの町の様子や窯元の写真を送ってあげようと思いついたからです。大川内山は秘窯《ひよう》の里といわれ、その佇まいは謙虚でありながらも、歴史に名を残す素晴らしい焼き物の生産地として相応《ふさわ》しい品格が感じられました。通りを歩いている観光客も皆なんとなくお行儀よく見えるのは、そんな辺りの雰囲気によるものかもしれません。

進行方向の先に、ふと可愛らしい三毛猫の姿が目に入りました。猫はこちらを振り返ると、私を誘うようにすいっと目の前の古い陶磁器のお店に入っていきました。つられてこちらも中へ入ると、店内の片隅に小柄なお婆さんが座っていて、戻ってきた猫の頭をよしよし、となでています。なるほど、招き猫だったのかと感心しながらお店の中を見回していると、最近の作家のものだという絵付けの小皿に目が留まり、イタリアへのお土産に調達することにしました。狭い畳敷の小上がりでお皿を包んでいるお婆さんを、目の前に座った猫が「きちんと包んでね」と言わんばかりにじっと見つめています。かつて欧州貴族を虜《とりこ》にした焼き物の故郷を守る三毛猫と小さなお婆さんの姿を思い出すと、ほのぼのとした温かい気持ちになるのでした。

焼き物の故郷を守る
三毛猫とお婆さん。

Brazil

地球のダイナミズム
イグアスの滝

世界を旅して地球という惑星のダイナミズムを痛感した場所はいくつかありますが、イグアスの滝はそんな中でも最も私を驚かせた場所の一つでした。

イグアスは先住民族の言葉で「大いなる水」を意味しますが、私もブラジルにある大きな滝というイメージしか抱いていませんでした。ところが現地に向かう飛行機で、窓から眼下に広がる緑の森林地帯を眺めていると、彼方に一部分だけ靄《もや》のような

蒸気が盛り上がっているのが見えてきました。何だろうと目を凝らしていると、操縦室のパイロットのアナウンスでそれがイグアスの滝から放たれている水飛沫《みずしぶき》であることを知り、息を呑みました。空から見下ろしても遥か遠方であるにもかかわらず、その水飛沫の範囲の広さといい高さといい、その下にある滝の様子がなかなか想像できません。

世界の三大瀑布《ばくふ》の一つであるイグアスの滝はブラジルとアルゼンチンの国境を跨いでいますが、双方あわせた国立公園自体の広さは東京都全体とほぼ同じ。毎秒放出される水量は多い時季で6万5000ｔにも及び、それだけの水が約4㎞の幅にわたって275カ所から落下しているわけですから、その音は何㎞も離れた場所からですら聞こえてくるほどです。

私は「悪魔の喉笛」と呼ばれる、滝の中でも最も水が激しく落ちている滝壺近辺へのボートツアーに参加したのですが、そばに寄れば寄るほどボートは激しく揺れ、体にかかる水飛沫の勢いと量で口呼吸でなければ息も吸えず、他のお客もパニック状態。カッパで全身を包んでいても、岸に戻ったときには全員ずぶ濡れ。それでも、そこにいた誰もが、間近に感じた地球の威力に圧倒され、冷めない興奮に目を輝かせていました。

滝だけではなく、ハナグマやホエザルなど多様な生物が生息している壮大な国立公園の自然も含め、イグアスの大瀑布は己の寸法というものを自覚させられたような気持ちになった場所の一つでした。

ずぶ濡れになって
体感した
地球の威力。

Spain

サンティアゴ・デ・コンポステーラ　巡礼の道

スペイン北部ガリシア州の州都サンティアゴ・デ・コンポステーラといえば、エルサレム、そしてローマと並ぶキリスト教の三大巡礼地の一つです。9世紀、ここにキリストの十二使徒の一人である聖ヤコブの墓とされるものが発見されて以来、現在も世界各国から年間10万人といわれる巡礼者たちが、この街の大聖堂を目指して訪れ続けています。

サンティアゴとはスペイン語で聖ヤコブを意味し、巡礼者の

免罪を叶《かな》えてくれるとされていますが、そのためにはスペインやフランスなど隣国から続く長い長い巡礼の道を徒歩によって到達せねばなりません。

例えばフランスからサンティアゴ・デ・コンポステーラを目指すのであれば、ピレネー山脈を越え、イベリア半島を東から西へ横断することになりますが、その距離は約８００㎞、約１カ月は歩き続ける計算になります。日本の四国八十八ヶ所巡りをイメージするとわかりやすいかもしれません。お遍路さんの身につけているものの特徴が鈴だとすると、サンティアゴ・デ・コンポステーラへ向かう巡礼者たちのシンボルは赤い十字架が描かれた帆立貝でしょう。この帆立貝は巡礼者たちの手にしている杖やリュックに紐で縛り付けられていますが、もともとは

【四国八十八ヶ所巡り】
四国地方（徳島、高知、愛媛、香川）にある弘法大師ゆかりの札所を巡拝する旅。88の霊場を巡り、全行程は約１４５０㎞。お遍路とも呼ばれる。

巡礼中の食事用のお皿として用いていたそうです。

1993年に、このサンティアゴ・デ・コンポステーラに続く「巡礼の道」は、世界遺産として登録されました。今ではスペイン屈指の観光地として、さまざまな国のあらゆる宗教の人々が、いろいろな交通手段で訪れていますし、巡礼のシンボルである帆立貝付きの杖も、たとえ車でそこを訪れた人であっても、気軽に土産物店で入手することができます。私も当時暮らしていたリスボンから車でひたすら北上しただけで到達しましたが、大聖堂の周辺に長い道を徒歩で辿ってきた巡礼者たちの姿を見たとたん、自分の弛んだ気持ちが一気に引き締められたような気がしたものでした。

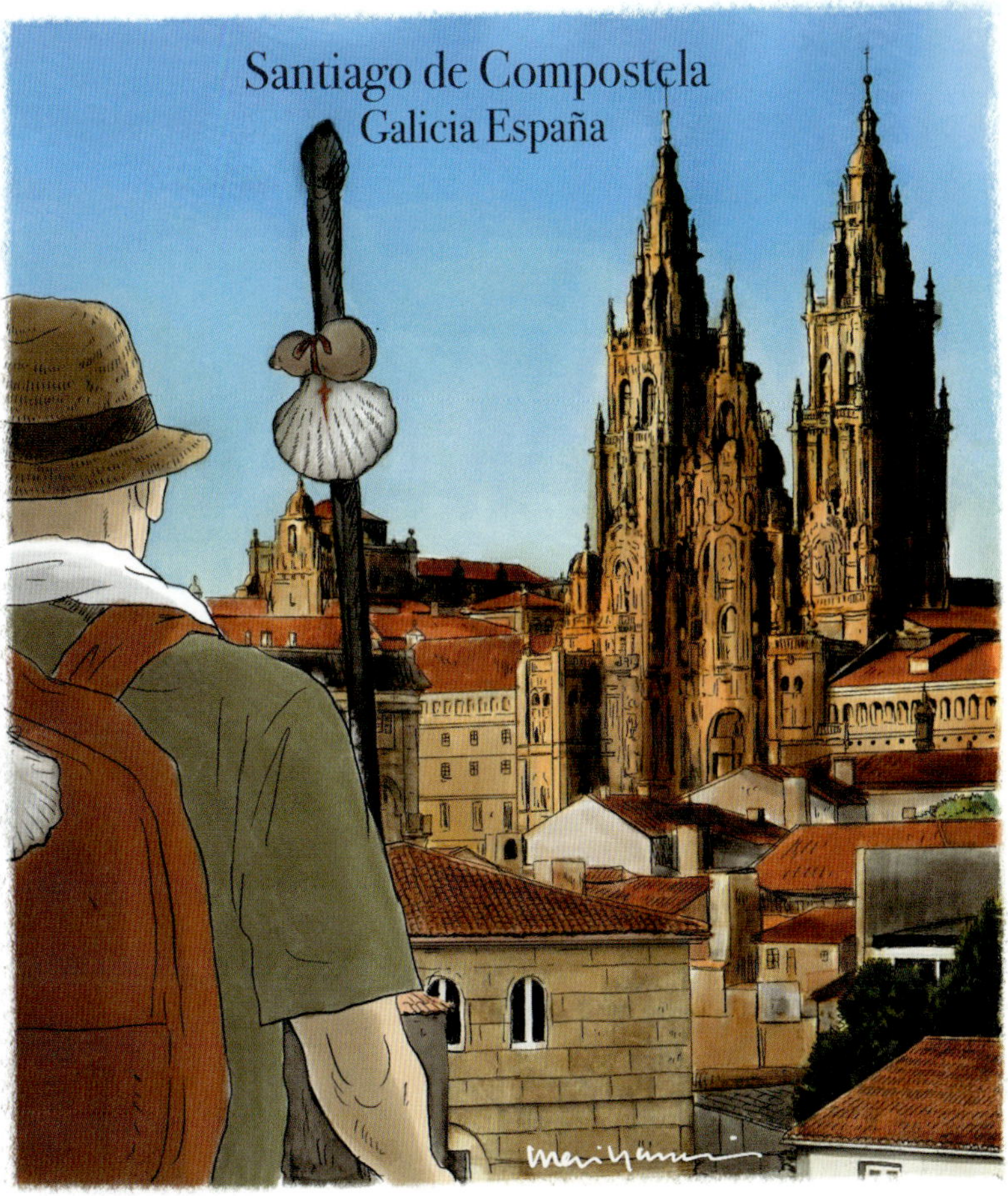

巡礼のお供であるシンボル。
日西ともに、長き旅路の心の支えと
思い出の品として。

第3章

Animal

動物

USA

サンディエゴ
バルボアパークの巨大動物園

カリフォルニア発祥の地であるサンディエゴには、バルボアパークという大型の都市公園があります。ここには美術館に博物館、そして劇場といった文化施設がいくつも立ち並んでいますが、なかでも世界的に有名なのが創設から既に１００年を過ぎた巨大な動物園でしょう。そもそも動物園というものは教育・研究を目的として設けられていたものなので、東京やロンドンなどでも文化的な場所に設置されている傾向がありますが、サ

ンディエゴも同じです。この動物園内に生息している動物は絶滅危惧種もあわせて約800種、全部で約4000匹。かつては世界有数の飼育数を誇ったジャイアントパンダもいました。園の敷地面積も東京ドームの8・5倍だそうですから、通常の動物園とはかなりスケールが違います。

私がこの動物園を訪れた時季は春先でしたが、サンディエゴの日差しはもう夏のようでした。しかもいざ歩きだすと途方もない敷地の広さにただ圧倒されるばかりで、なかなか目的の場所まで辿り着くことができません。私は歩くのを断念し、園を1周している2階建てのバスに乗り込んで、車窓からさまざまな動物たちを眺めることにしましたが、ここではチーターをトレーナーと一緒に間近で観察する企画などが常時用意されているので、ご家族連れはぜひゆとりを持った来訪をお勧めします。

ちなみにこのサンディエゴ動物園のもう一つの特徴は、園内に植えられている70万種類以上の植物です。気候だけではなく園のメンテナンスがよいのか、散策しているとまるで森やジャングルの中にいるような気持ちになりますが、私が見ていた花には野生のハチドリや珍しい蝶が飛んできたこともありました。人間が楽しめるだけではなく、その土地に普段生息している動物たちを気遣うことのできる優れた動物園には、野生の生き物たちも引き寄せられてくるということなのかもしれません。

創設から100年を超えて愛される
スケールの大きな動物園。

Cuba

ペリカン〝ペペ〟とマリア・ラ・ゴルダの休日

学生時代、キューバでサトウキビを刈るボランティアをしていた頃、数日間だけ休みをもらって、マリア・ラ・ゴルダという海岸で過ごしたことがあります。

首都ハバナから車で約5時間、国内最大の森林公園の一つであるグアナアカビベス半島の西に位置するマリア・ラ・ゴルダは、スキューバ・ダイビングの聖地でもあり、私がここを訪れた時も、沖合に沈む海賊船を調査するためフランスのダイバー

たちが滞在している最中でした。マリア・ラ・ゴルダの海はちょうどカリブ海とメキシコ湾の間にありますが、その沖合はかつて海賊船の通り道だったそうで、海の底には戦いや嵐で沈んだ船の財宝が眠っているといわれています。

ちなみにマリア・ラ・ゴルダはスペイン語で〝太ったマリア〟という意味ですが、その昔、ここに寄港した海賊船がマリアという妊娠中の女性を置き去りにしたために、そんな名称になったそうです。革命後は政府の要人のための保養所として整備されましたが、現在ではキューバきっての美しいリゾートとして人気スポットになっているようです。

しかし、私が行った頃はまだ交通の便も悪く、宿は先述のフランスの潜水調査隊と私たちボランティアチームだけの貸し切り状態でした。周辺の森もイグアナなど野生動物の宝庫でしたが、桟橋にはいつもペペと呼ばれているペリカンがいて、私たちが集っていると近寄ってきて愛嬌を振りまいていました。夜は宿の料理人が自分で潜って捕ってくる魚や伊勢海老を炭火で焼いて、それをラム酒と一緒にいただくのですが、もちろんペペもご相伴にあずかります。浜から満天の星を仰ぎ見つつ、ラムのグラスを手に野生のペリカンと戯れるマリア・ラ・ゴルダでの休息は、サトウキビ刈りで溜まった疲れを癒やしてくれただけではなく、いつ思い出しても元気にさせてくれるのでした。

海岸の桟橋で愛嬌を振りまく

ペリカンのペペ。

第4章

OKI NAWA

MIYAKO IRABU

聖なる島々へ

毎年のように訪れる沖縄の魅力を探りに、沖縄島から宮古島、伊良部島を旅する。

「下地島空港RW17END」(通称「17エンド」)。木造漁船サバニに乗って。 *Photo by Wataru Oshiro*

聖なる島々へ

島の南部に点在する遺跡の数々

沖縄が日本に返還されたその年、ヴィオラ奏者である母が所属していた札幌のオーケストラが遠征公演をすることになった。その時、沖縄がどんなところなのかも知らない幼い娘たちに彼女が持ってきたお土産は、どこかの浜辺で見つけたという殻に6本の尖ったツノのついた貝殻だった。これね、貝形のお守りなんだって。沖縄の海にはこんな貝があるのよ、と母の説明は至極あっさりしていたが、今思えば、私の沖縄への興味の発端はあの貝殻にあったように思う。

戦争の苦い記憶を簡単に忘却できずにいた当時の母にとって、沖縄は楽しい気分で訪れられるような場所ではなかったようだが、実際に目の当たりにした沖縄の優しくも神秘的な海の色は、彼女の心中に巣食っていた不穏をたちまち掻き消したという。神様が住んでいそうなこんな綺麗な所で戦をするなんて本当に人間ってどうかしてるわね、と母はその後も何度か映像で沖縄を目にするたびに独りごちていた。

私が沖縄を初めて訪れたのはそれから30年近くも経ってからだ。この取材で何度目になるのかもう覚えてもいないが、

沖縄島

今回足を運んだ南部には、実はこれまでほとんど行ったことがなかった。一度だけ夫と息子の３人でレンタカーを借りてざっくり巡ったことはあったが、古代文化に強い関心をもっている夫や私が南部に点在する琉球王国の遺跡についてまったく情報をもっていなかったことを今更不思議に思う。

　沖縄には御嶽《うたき》と呼ばれる拝所が点在しているが、なかでも琉球王国時代に国家の最高神職が管理し、ユネスコの世界文化遺産にも登録されている「斎場御嶽《せーふぁうたき》」は、聖地中の聖地である。敷地内に鬱蒼と茂る草木の道を独特な蝉の鳴き声を浴びながら懸命に歩いていると、一瞬海へ

OKINAWA

「斎場御嶽」。6つの拝所があり、厳かな空気に包まれる。遠くには久高島が望める。

の視界が開けた辺りで、背後を歩いていた現地に住むカメラマンのO氏から「ヤマザキさん、ここから久高島が見えますよ」と声を掛けられた。振り返ると太陽の光を反射して水面を光らせている海の向こうに島影が見えた。

「あの島は琉球民族発祥の地であり、神の島です。だから観光で訪れる場合にもいろいろと制限があるんです」とO氏が説明を加えた。

神の世界であるニライカナイに住むアマミキヨが舞い降りたのが久高島であり、琉球の歴史はまさにそこから始まったとされている。そもそも斎場御嶽は久高島へ祈りを捧げるために設えられた巡礼地であり、歴代の琉球王国の王が詣でてきたらしいが、最近では〝パワースポット〟という安直な言葉で紹介されていて、それを現地の人はあまり快く思っていないらしい。確かに切り立った岩肌や存在感の強い周囲の植生に覆われた空間には特別な空気が漂っているが、神に対しての敬虔な信仰をもつ者は、私たちのような外部からの来訪者にはわからない、より崇高で神聖な気配を強く感受するのだろう。どの国でもその土地の人々の信仰を培ってきた聖域を訪れた時に感じる侵入者的な意識は、やはりここでも避けられない。

石積みのアーチ門が印象的な「知念城跡」。

地に漂う 崇高で神聖な気配

OKINAWA

斎場御嶽から約3㎞ほど離れたところにある「知念城跡」も、易々と人を寄せ付けない立地*という意味では完璧と言っていい。あまりの足場の悪さにサンダルを履いてきてしまったことを後悔するが、いざとなったら裸足になる覚悟を決める。神の宿る場所というのはそう簡単に到達できるものであってはならない。昔テレビでやっていた人跡未踏の地をゆく探検隊のシーンを頭に思い浮かべつつ、頭上に枝を張っている巨大な樹木からだらりと垂れ下がっている気根にターザンさながら両手でしがみつき、ぬかるんだ土に足をずるずる滑らせながらほとんど勢い任せに起伏の上り下りを繰り返す。沖縄の自然は人間のような甘やかされた生き物にはまったくもって容赦ない。

暑さと湿気で汗まみれになりながら、ゴールがどこにあるのかもわからずに進んでいると、突然目の前に人為的に石の積まれた構造物が現れた。どんな遺跡を

*知念大川から入るルートを利用した場合。別のルートもあり。

「知念城跡」。

訪れる時でも私が一番興奮を覚える瞬間だ。計り知れない労力が費やされたであろうそうした建造物には、強烈な存在感が封じ込められている。固く積まれた石の壁はまるで欧州や中東に残る中世の古城とそっくりで驚くが、Webサイトで見つけた解説を読めば築城時期はおよそ12~13世紀とあるから、ほぼ私が頭に思い浮かべたいくつかの十字軍の城と同じ時期のものになる。

スマートフォンで出入り口と思しき木材で補強がされた

右から「糸数城跡」、「玉城城跡」。

場所に腰掛けている写真を撮ってもらったが、画像を見ると一般的な人々がイメージする沖縄らしさは微塵もない。海外の古城の遺跡で撮影したと言っても皆信じるはずだ。知念城跡だけではなく、その周辺に点在する「糸数城跡」も「玉城城跡」も観光客の来訪を意識した過度な整備は施されておらず、その佇まいは時間の経過によって自然と一体化している。

何世紀にもわたって雨風や強烈な日光に晒《さら》されてきた琉球石灰岩のブロックの隙間に元気に根を張る南国の植物に、人間の築いた文化に寄り添う自然の寛容さを感じ取る。琉球の神はそうした細部にも間違いなく宿っている。

実感した沖縄の海の魅力

ここ10年ほど、日本に戻っている間一度は必ず沖縄で数日間過ごすのが恒例になっているが、宿泊するのは一番最初に沖縄に滞在した時から北部の本部町か今《な》帰仁村《きじんそん》と決めている。初めて滞在した沖縄が北部中心だった理由は、当時ポルトガルのリスボンの小学校に通っていた息子にある。日本の知人から送られてきたDVDに「沖縄美《ちゅ》ら海水族館」で飼育されている人工尾びれをつけたイルカのドキュメンタリーが入っていて、どうしてもそのイルカに会いに連れて行ってほしいと自らの貯金箱を差し出されたのが発端だ。シカゴに単身赴任していた夫と相談して、その年の夏休みは沖縄で合流することを決め、北西部にある本部半島の水族館からそう離れていないところに小さな古民家を借りることにした。

かつて家族で訪れた
今帰仁村の海岸の夕景。
Photo by Mari Yamazaki

OKINAWA

母がかつて私に語っていた沖縄の海の魅力を実感したのも、その滞在中のことだ。古民家から車ですぐに行ける瀬底島の、海に突き出した白砂の浜から望む多様な青と緑の吸い込まれるようなグラデーションに我々家族は歓喜し、強烈な日光を全身で浴びながら日がな一日海水浴を楽しんだ。しかし真夏の沖縄の太陽を舐めていた我々3人は、酷い日焼けを負っててその後しばらくは海に行けなくなってし

まったのだった。今回、ホテルから出してもらったクルーザーで目的地の水納島《みんなじま》を目指す途中にこの懐かしの瀬底島のそばを通過し、そんな楽しくも苦々しい記憶を思い出してひとりで苦笑いをする。

　クルーザーは水納島には停まらず、少し沖合にある珊瑚礁のスポットに停泊した。船の上から覗いただけでも海面下の花畑のような様子がうかがえる。早速シュノーケル装備を整えると、一目散に海の中へ飛び込んだ。緑色のテーブル珊瑚に桃色や紫色の枝珊瑚、その合間を泳ぐコバルトブルーの可愛らしいルリスズメダイに黄色の鮮やかなチョウチョウウオ、エメラルドグリーンのイラブチャー（ブ

沖縄島で体験したシュノーケルポイントでの海の中の景色。

「ハレクラニ沖縄」にて。アクティビティも体験。

OKINAWA

ダイの仲間）もいる。

目の前に突然広がった陸では見ることのない多様な色彩の世界に、体中に溜め込んでいたエントロピーがたちまち放散していくような感覚があった。何より、与えられた命を誇張もせずまっしぐらに生きている健気な魚たちの姿には心が洗われる。彼らもまた琉球の神から託されたメッセージを私たち人間に伝える使者なのだろう。そして、母が拾ったあの貝殻も、琉球の神から人間社会のお守りとなる使命を託されて、この海のどこかに潜んでいたのだろう、そんなことを思いながらしばし時間を忘れて泳ぎ続けた。

宮古島の南部にある、「イム(ン)ギャーマリンガーデン」。展望台からの眺め。

宮古島、
伊良部島へ。
旅の舞台を
移して、
島を巡る。

宮古島・伊良部島

生命力溢れる生き物との出合い

実家の本棚には私が子ども時代に愛読していた『海』というタイトルの図鑑が未だに収められている。カバーはすっかりぼろぼろだが、本体はテープなどで補強されることもなく一応原形をとどめているその様子から、この図鑑がどれだけ大事にされてきたかがよくわかる。なかを捲《めく》ってみると、かなり冒頭のほうで波さえなければそこに水面があることもわからないくらい透明な海の写真が見開きで掲載されている。「珊瑚礁の海（宮古島）」という短い解説があるだけの写真メインのページなのだが、そこにクロールをしている人物のへたくそな絵がボールペンで描き込まれている。当時の私は、このページを開いたとたん横溢《おういつ》する宮古島の美しい海への羨望を抑えきれずに、思わず泳ぐ自分の姿をそこに描いてしまったのだった。考えてみればお風呂の漫画を描いたのも、お湯に浸かっている人を描くことで日本式のお風呂に入れない枯渇感を満たすためだったが、この宮古島の海を泳ぐ人の絵を描いた動機はまったく同じである。

これまでずいぶんたくさんの国を旅してきたけれど、そのほとんどが自分の意思や憧れとは関係なく、母親に指示されたり、夫の付き添いや仕事での同伴など、成り行き上行くことになってしまった場所である。しかし宮古島は違う。私が自分で行き先を決めた数少ない旅先の一つだ。子どもの頃、この『海』の図鑑の写真に泳ぐ自分の絵を描いた時以来ずっと憧れ続け、ようやく実現できた初めての

Photo by Mari Yamazaki
水中で撮ったヨシオ。

宮古島の旅では、滞在中は毎日年甲斐もなくへとへとになるまで泳ぎまくって過ごした。島中を車で巡っても一日はかからない。橋を渡って行ける島々には隈なく足をのばし、サトウキビ畑の真ん中で車を停めて昼寝をし、夜は地元の居酒屋で美味しい魚介と泡盛を堪能する。そんな私流の宮古島の旅が、コロナ禍になる前までは恒例になっていた。

MIYAKO / IRABU

宮古島の南部、城辺友利地区にある「イム（ン）ギャーマリンガーデン」は、島に到着すると真っ先に出かける小さな天然の入り江を利用した箱庭のようなビーチだ。底から地下水が湧き出ていることから「囲まれた湧水」という意味のインギャーという名前がつけられたらしい。岩礁で外海と隔てられた湾は天然のプールになっているので、そこだけは天候に

かかわらず波は大概いつでも穏やかだ。潜るのも簡単だし、さまざまな魚にも出合えるから、家族連れが多く訪れる。

　ここでシュノーケルをすると必ず出合うヨシオと名付けた性別不明のゴマモンガラの友人（友魚）がいる。ゴマモンガラは荒々しい性質の魚だというので積極的に接近はしないが、潜れば必ずどこからともなく目の前に現れるので、私の水中写真アルバムには派手な色彩に分厚い唇をした愛嬌のあるヨシオの写真が何枚も収められている。

　ある夜、宿泊先でランタンを借りて真夜中のインギャーの浜に寝そべり満月を見ていたことがあった。突然周辺でざわざわと妙な気配がし始めたので目を凝らしてみると、海から上陸したたくさんの蟹が一斉に蠢《うごめ》いていた。蟹は満月の夜になると産卵のため陸に上がってくるのだそうだが、そのまま車の通るアスファルトの道路を無防備に渡って行こうとするので、私は彼らの進行方向に立ちはだかり交通整理を試みた。しかし当然ながら蟹にとって私は産卵を邪魔する敵にしか見えない。群れのうちの何匹かが私に向かって勇敢にもハサミを振り上げ、邪魔をするなと全身で威嚇する。私は彼らの妥協のない生命力を前に無力感に陥った。ヨシオや蟹にとって自分たちが暮らす宮古島が人間たちから楽園だのなんだのと

マングローブ林を散策。

もてはやされていることなど関係ない。蟹に邪魔者扱いをされてしまって少し悲しくなった自分だが、できれば宮古島では彼らとも懇意にお付き合いをしていきたいというのが密かな望みでもある。

伊良部島の知られざる自然の姿

伊良部島には、そんな地域の自然に対し敬意をもって日々尽力している蟹蔵こと吉浜崇浩さんという方がいらっしゃる。今回の旅では彼の子どもの頃からのテリトリーであるマングローブ林の探索へ案内してもらうことになった。

マングローブが広がる入り江。

「蟹蔵」代表、吉浜さん。

MIYAKO / IRABU

人生初の手付かずのマングローブ林探検は想像していた以上に歩くのが難しく、マングローブの幹から放射状に伸びた何本もの複雑な呼吸根と粘土質の泥に足をとられて何度も転びそうになる。

「以前ここで大きなウミガメが引っかかっていたことがあって」と蟹蔵さんはあたふたしている私を尻目に飄々と語りながら勝手知ったるマ

「イラフ SUI ラグジュアリーコレクションホテル 沖縄宮古」のアクティビティ「マングローブ探検とマングローブ蟹ランチ」にて。

ングローブの林の中をどんどん前へと進む。「昔はサメもここまで入ってきてたし、ジュゴンを見かけた人もいる」のだそうだが、現在蟹蔵さんがここへ来る目的はマングローブ蟹の捕獲である。あらかじめ仕掛けておいたという罠を引き上げると、ずっしりと見事な蟹が1匹入っていた。立派すぎるハサミに、かつてインギャーの浜で私を威嚇してきた誇り高い連中のことを思い出した。ひたすら蟹という生き物の逞《たくま》しさや賢さを説きながら、鬱蒼と茂るマングローブの道なき道を進んでいく蟹蔵さんの後ろ姿に、この人はここに生息するあらゆる生き物と植生からすっかり島の仲間として受け入れられていることがわかり、羨ましくなった。

　伊良部島にはこれまで何度も来ているのに、こうした現地の自然については知らないことが多すぎた。現地のガイドを務めるタクシー運転手の方に案内されたのは「ヌドクビアブ」と呼ばれる琉球石灰岩の洞窟だが、ここも霊的なパワーが宿る場所とされているそうだ。いったいどこの誰が最初に見つけたのかと思うくらいわかり

伊良部島にある宮古市指定史跡
「ヌドクビアブ」。

にくい場所にあるが、ここもまた探検隊のテレビ番組を必然的に思い出してしまうほど足場が悪い。周囲の樹木から垂れ下がっている気根にしがみつかなければ、洞窟の内部まで滑って転がり落ちるしか到達手段がないような場所だが、中に入ってみると、島の体内にでも潜り込んだような何とも神秘的な心地になる。この世にあるものは人間であろうと場所であろうと他者の解釈や見方によって象られるのだと、どこかの思想家かお坊さんが言っていたのを読んだことがあるが、マ

カラフルな色づかいの建物もあり、どこか多国籍な印象の佐良浜。

Photo by Mari Yamazaki

佐良浜で見かけた水字貝。

ングローブにしてもヌドクビアブにしてもこうした伊良部のその土地固有の側面は、誰によって作られたわけでもない、真の伊良部の姿でしかない。

　伊良部を訪れた際に私が必ず立ち寄るのは佐良浜港だ。宮古島も伊良部島も辺りに広がるサトウキビ畑の効果なのか、かつて私が長く滞在していたキューバやブラジルの地方を思い出さずにはいられなくなる。真っ青な空の下で風に葉を擦り合わせるサトウキビ畑の音も、全世界共通だ。レンタカーを借りてドライブをする時は思わずキューバやブラジルの音楽をかけてしまうのだが、佐良浜の特徴であるピンクやパステルグリーンのカラフルな住居が立ち並ぶ光景は、それこそまるでそういった国々の港町とそっくりだ。美しい海と青い空に優しく溶け込むそうした色彩からもまた、人々の島の自然や恩恵に対する慎ましくも優しい気質が垣間見える気がするのだった。

　佐良浜をぶらぶら歩いていると、民家の一つの軒先に懐かしい形のものがぶら下がっているのが目に入った。母がかつて沖縄のお土産として持ってきた魔除けの水字貝だ。現役でお守りとして活用されているのを見たのは初めてだった。

MIYAKO / IRABU

海の中に広がる
多彩な世界と魚たち。

旅の終わり、沖縄などで古くから使われている木造の漁船サバニに乗って、かつて子どもの私が写真に泳ぐ人を描き込んだ海に出ることになった。沖に出て間もなく船頭である蟹蔵さんが「あ、ほら亀！」と声を上げた。波間に浮かんでいた小さな顔が驚いたように引っ込んで、大急ぎで泳ぎ去っていく。喜んでいると蟹蔵さんは舵を取りながら「でも昔はこの海も今より綺麗だったし、亀も今よりたくさんいた」と残念そうに呟いた。それでも私が出合った生き物や、洞窟やマングローブ林などで感じた地球の圧倒的なパワーを思うと、たとえ時間はかかったとしても、こうした島々は本来のあるべき姿をきっと取り戻していくはずだ。最終的にこの世に残されていくものを決めるのは、人間ではなく地球なのだから。

MIYAKO / IRABU

「イラフ SUI ラグジュアリーコレクションホテル沖縄宮古」の客室で目の前の海に沈む夕日を眺めながら。

第5章

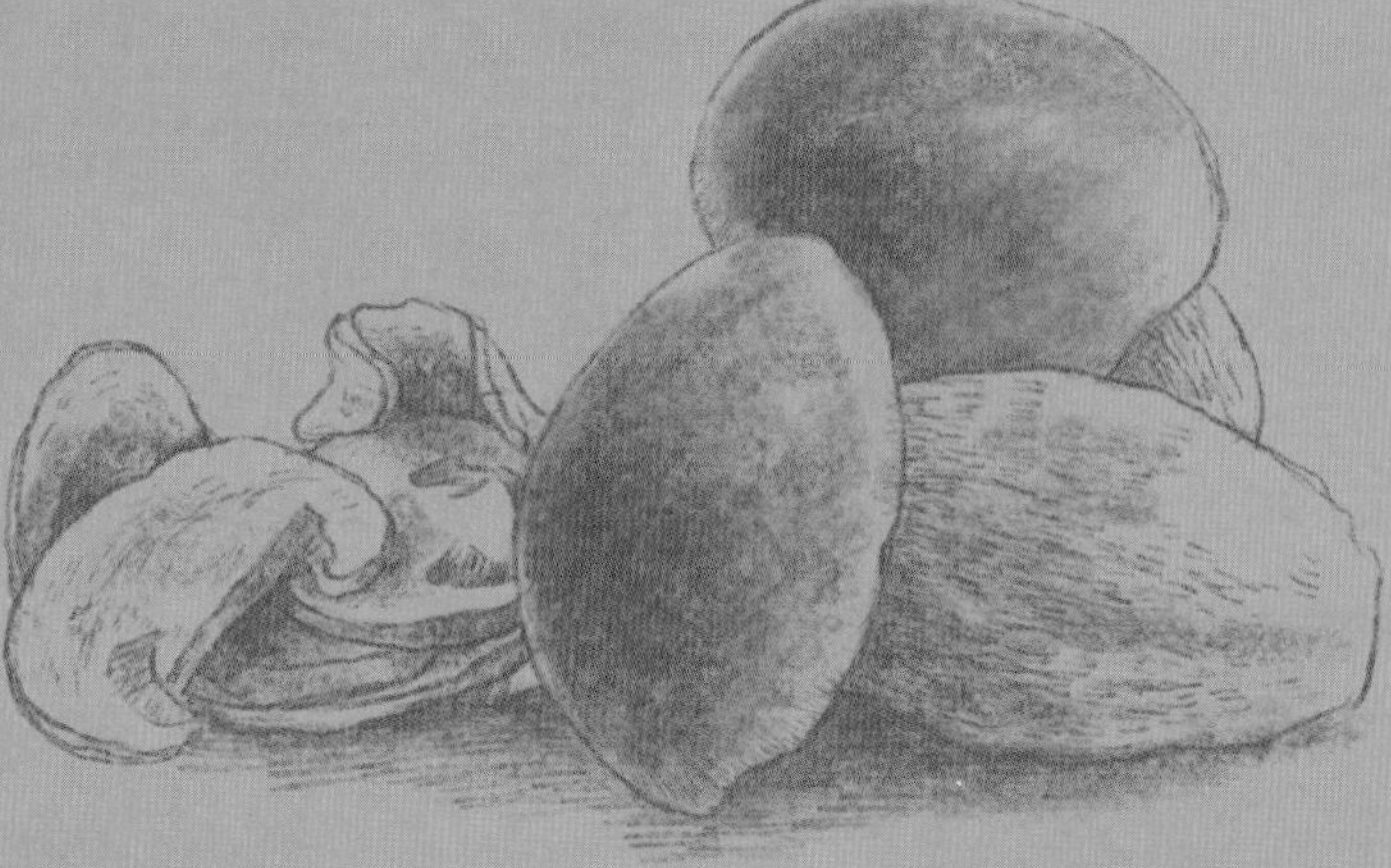

Gourmet

グルメ

Cambodia

人生観を変えた絶品ストリートフード

クメール王朝期に建造されたアンコール・ワット寺院は世界でも屈指の壮麗な遺跡として有名ですが、私がこの場所を訪れたのは、この遺跡の所在地であるシェムリアップに暮らす日本人女性の取材が目的でした。

カンボジアでは１９７０年代後半、ポル・ポト政権によって大量の知識人や文化人が弾圧され、人々から教育と芸術といった表現の自由が完全に奪い去られてしまった時期が長く続きま

した。その影響によっていまだに歌を歌ったこともない、楽器を見たこともないという地元の子どもたちに向けて、音楽の素晴らしさを伝えるための活動をしているのがその日本人女性でした。なぜカンボジアに暮らそうと思ったのですか、という質問をすると、理由の一つはこれなんですと彼女に案内されたのは通り沿いにある屋台のような商店でした。

そこで食べてくださいと彼女から差し出されたのは、ヌン・パンという名前の、小ぶりのバゲットの間に野菜や肉がぎっしり挟まれたサンドイッチでした。フランス領だった時代の名残の一品だそうですが、そのパリパリのパンの食感もさることながら、間に挟まっている青ネギに青パパイヤとにんじんのピクルス、そしてチャーシューのような味付けの肉の絶妙な味のマッチングに思わず絶句。つい喋ることよりも食べることに一心不乱になってしまい、挙句1本では足りずにおかわりをしてやっと満足するというありさま。

日本で彼氏に振られ、自暴自棄な気持ちでカンボジアにやって来たその女性は、このパンと出合ったことで人生観が変わり、ここで音楽活動をしながら生きていこうと決めた、というような話をしていましたが、まさにヌン・パンの美味しさにはそんな説得力が感じられます。

怒濤《どとう》の歴史が巡るなかで、間違いなくこの絶品ストリートフードはカンボジアの人々の心を支える大きな役割を担ったに違いありません。

具だくさんのサンドイッチ、
1本では足りない美味しさ。

Italy

遺跡巡りとローマの焼き栗

古代遺跡を訪ねるのに最も理想的な季節はいつでしょう。天候が移り気な春、時には北アフリカのような暑さに包まれる夏。石畳からしんしんと冷たさが染み込んでくる冬。そう考えると、暑い夏が終わった直後の初秋こそベストの季節かもしれません。実際、私自身が一人で初めてローマの遺跡をじっくり散策したのも17歳の秋のことでした。

確かフィレンツェで美術学校が始まる10月の初頭、日本大使

館での用事のついでに駅からさほど遠くもない安宿に泊まって、私は3日かけてローマの遺跡を巡り歩きました。遺跡巡りはトレッキングとまでは言いませんが、その範囲によっては相当体力を使いますから、ちょっとした運動をするような気構えが必要です。特にローマの場合は見ておくべき場所が都市の中に点在しているうえ、「フォロ・ロマーノ」のように密度の濃い遺跡もありますから、駆け足ではとても時代の軌跡を体感したような心地には浸れません。

その時は、できるだけ交通機関を使わず、行き当たりばったりの旧跡も含め、足が棒になるのを覚悟でめぼしい遺跡を訪ねて回りました。あまりに懸命に歩き過ぎたせいで、お昼ご飯を食べることすら忘れてしまうほどでしたが、ふと見ると遺跡の

【フォロ・ロマーノ】
ローマの中心地にある、古代ローマ時代の遺跡。「ローマ市民の広場」という意味を持ち、当時の政治、経済、宗教などに関する建造物が集まる遺跡群。

入り口の傍らで香ばしい匂いを辺りに放出させている栗売りのおじさんが目に留まりました。思わず駆け寄って一人分を頼むと、おじさんは手元にあった黄色い藁《わら》半紙のような紙をくるりとコーン状に丸め、そこに栗を入れて手渡してくれました。入れ物も栗の入れ方も随分いい加減ではありましたが、煎《い》りたてで熱々ホクホクの栗の味は甘く優しく、腹ペコだった私は次から次へと皮をむしっては、ホクホクの黄色い実を口の中に放り込みながら、遺跡巡りを心ゆくまで堪能しました。

あれから何度もフォロ・ロマーノを訪れましたが、それがどの季節であろうと、口の中にはあのむっちりと大きくて熱い栗の味が広がるのでした。

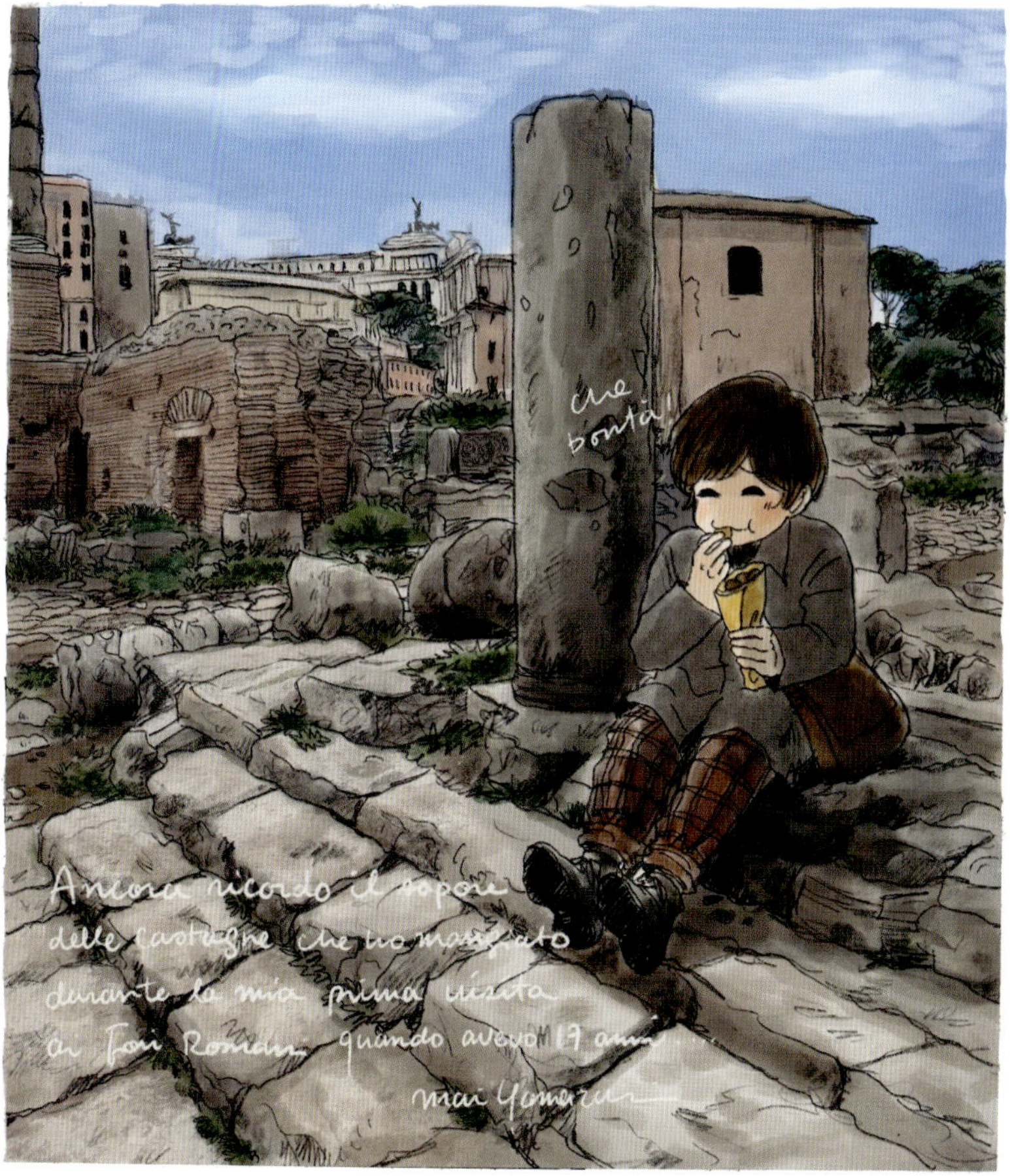

香ばしい匂いが辺りに漂う
煎りたて、熱々ホクホクの栗。

Hokkaido

スーパーフルーツ、ハスカップ

北海道に自生するハスカップという実をご存じでしょうか。北海道へ旅行したことがあれば、この実を使ったジャムやお菓子などの加工品をどこかで目にしたことがあるかと思います。東京から北海道に移り住んだ母はすっかりこの果実の虜《とりこ》になり、特に苫小牧《とまこまい》の菓子店で作られているハスカップのジャムを練り込んだロールケーキが大好物でした。私もその影響を受け、海外生活中も日本の温泉と同じくらいこのお菓子が恋しくなり、

日本から送ってもらうこともありました。

アイヌの人々が昔から食べ続けてきたハスカップは〝不老長寿の実〟と称されることもありますが、実際、昭和12（1937）年の「北海タイムス」という新聞によると、苫小牧の山林で行方不明になっていた小学校1年生の少女が2週間ハスカップを食べ続け、元気なまま見つかったことが報じられています。

成分分析を見ると、例えばポリフェノールの一種で目によいとされるアントシアニンはなんとブルーベリーの10倍、抗酸化作用のあるビタミンCはレモンの1・8倍、他にビタミンEや食物繊維を含み、抗糖、抗菌、抗肥満作用があるとされる、まさに〝スーパーフルーツ〟。北海道の短い夏の期間、火山灰という条件付きの土地であっても逞《たくま》しく生き抜いてきた果実はさすがに栄養素の密度が違います。

厚真町《あつまちょう》の山口農園でハスカップ栽培に携わっている山口善紀さんのお母様は、かつて子どもたちに自分が勇払原野《ゆうふつげんや》から移植した野生種のハスカップをたくさん食べさせ、その中から甘い実のなる株だけを選別し、大粒で糖度の高い品種を生み出しました。「毎日食べ続けてきたんで」と笑う山口さんの肌はハスカップ効果でつやつや輝いています。

2018年、厚真町は北海道胆振《いぶり》東部地震によって、大きな被害に遭いました。今でも復興が進んでいますが、逞《たくま》しくも栄養満点のハスカップの木は、これからも圧倒的な生命力でたくさんの実をつけていくことでしょう。

北海道の短い夏に実る
逞《たくま》しい生命力の果実、ハスカップ。

第6章

Family

〔家族〕

ロサンゼルス 祖父の軌跡を訪ねて

横浜生まれの私の祖父は、大学で経済学を学んだ後に就職した横浜正金銀行の支店設立のため、１９１８年から11年間アメリカの西海岸で生活をしていました。幼い頃から西洋文化への強い憧れを持って育った横浜育ちの23歳の若者は、最初の渡航先であるロサンゼルスに到着すると、水を得た魚のように現地での暮らしに馴染んでいきます。祖父のアルバムには当時の記録が何枚も残されていますが、ゴルフやテニスをしたり、街角

で真っ白なスーツを着てお洒落なポーズを決めていたり、本来の目的である仕事はしっかりやっていたんだろうか、という疑念が湧いてしまうほど、写真の中の祖父は生き生きとした楽しそうな姿で焼き付けられていて、いつかアメリカへ行ってみたいという思いが、孫である私にも募るようになりました。

祖父は日本へ戻ってきてから亡くなるまで、日常でもよく英語をまぜて会話をする人でしたが、第二次世界大戦中にアメリカから運んできた多くの思い出を手放さざるを得なかった彼の、古き良きアメリカへの思いがそうした日々の振る舞いにもあらわれていたのでしょう。

祖父が亡くなった後、留学先のイタリアから一時的に戻ってきていた私はふと若かりし頃の彼の軌跡を辿りたいという衝動に駆られて、ロスへ赴いたことがあります。私にとってはそれが初めてのアメリカでしたが、ヨーロッパで感じるようなアウェー感やよそ者感はありませんでした。眩い太陽の日差しの中で肌をなでる風も心地よく、かつてこの地に降り立った祖父が抱いていたであろう前向きな気持ちが自分にも漲《みなぎ》ってくるのがわかりました。

祖父が支店として建てた銀行の建造物はもうありませんが、跡地とされる場所の周辺をうろついていると、頭の中で白いスーツ姿の祖父が私に向かって「みんなが新天地で頑張る人々だった。だから楽しかった」と、いつもの口癖を呟いているような気がしてなりませんでした。

若かりし祖父の
楽しそうな姿がかきたてた
アメリカへの募る思い。

ケルン

私を大人に近づけてくれた街

ドイツ西部の古都、ケルンを訪れたのは今からもう40年以上前のこと。古代ローマ帝国の植民地（ケルンとはラテン語で植民地を表すコローニアが語源）として栄え、暴君で有名な皇帝ネロの母親であるアグリッピナが生まれた土地でもありますが、当時中学2年生でしかも一人旅をしていた私にとっては街の概要など詳しく知る由もなく、とにかくこの街の近郊に暮らす母の友人宅まで無事に辿り着くことしか頭にはありませんでした。

年末だったこともあり、パリの北駅から列車に乗り込んだのは夕方前だったにもかかわらず、車窓の外は日も暮れて既に夕刻のよう。国境を越えてようやくケルンに到着した頃には不安と空腹でヨレヨレでした。母の友人の姿をホームに見つけた瞬間の、腰が抜けるほどの安堵《あんど》と喜びといったらありません。

一晩寝てすっかり元気になった私は、それから毎日さまざまな予定を入れては楽しく忙しく過ごしていたのですが、大晦日の夜、市内の歌劇場で催されるオペラ公演のチケットが手に入ったからぜひ観てきなさいと滞在先の家族に勧められて、人生で初の生のオペラを観に出かけることになりました。

初めてのオペラの舞台は何もかもが素晴らしかったのですが、問題はその後です。劇場の外へ出てみると、なんと滞在先の郊外まで帰るバスも列車も大晦日ということで全く運行しておらず、私は呆然となりました。まさか大晦日を凍てつく寒さの路上で過ごすことになろうとは、と嘆きに満ちた思いがこみ上げてきたそのとき、視線の先にホテルという文字が入ってきました。取り敢えずその安宿に駆け込んで年を越し、翌朝始発のバスで慌てて滞在先へ戻ってみると、家族は皆熟睡中で私がとんでもない一夜を過ごしたことなど誰も気づいていませんでした。

14歳の私を何歩か大人に近づけてくれた街、ケルン。次回は春から夏にかけて、もっと暖かい時季にぜひ訪れてみたいものです。

人生初のオペラと
凍てつく大晦日の夜を過ごした
14歳の一日。

Fiji

南国ビーチでヴァイオリン

息子のデルスが小学生だった頃、当時シングルマザーとして日々仕事に奔走していた私でしたが、3カ月おきに休暇を取って息子を旅に連れて行くのが習慣になっていました。

オーケストラのヴィオラ奏者だった私の母も、早くに夫を亡くしたシングルマザーでした。彼女もやはり時々われわれ娘たちに学校を休ませて、一緒に旅をしたりドライブをしたりする人だったので、そんな子育てを私も引き継いでいたのです。

ある日、今度の休みにはフィジーに行くことにしたと母に告げると、急に自分も同行したいと申し出がありました。南の島には全く興味を示さない母にしては珍しい提案なので動機を聞いてみると、「デルスがヴァイオリンを怠けないようについて行くのよ」と一言。びっくりする私の傍らで息子は「いいよ、べつに」と毅然とした態度。母は自分の娘たちが音楽の道を継がなかったため、わずかな期待を孫に寄せていたのですが、そんな祖母を傷つけたくない孫の慈愛が表情に浮かんでいました。

フィジー本島から飛行機を乗り継ぎ、辿り着いた目的地のタベウニ島は、エメラルドグリーンの美しい海に囲まれた楽園そのものでした。海の中には色とりどりの熱帯魚が泳ぎ、眩しい太陽の光を浴びながら楽しい時間を過ごしていると、ビーチで手を叩いてデルスを呼ぶ母の姿が目に入ってきました。「いいよ、いいよ行かなくて。私から言っておくから」と声を掛けるも、「いいんだよ、ばば（祖母）が気の毒だから」と、海から上がるなり母からヴァイオリンを手渡され、そこでお稽古が始まるのでした。

南国のビーチに響くヴァイオリンの音を不思議に思ったのか、同じ宿泊施設に滞在していたオーストラリアの老夫婦が様子を見にきたことがありました。そのあまりにミスマッチな光景に「あの子は将来すごいヴァイオリニストになるわね」と苦笑い。

ちなみに息子はその後ヴァイオリンをチェロに持ち替えて、今も細々と続けています。

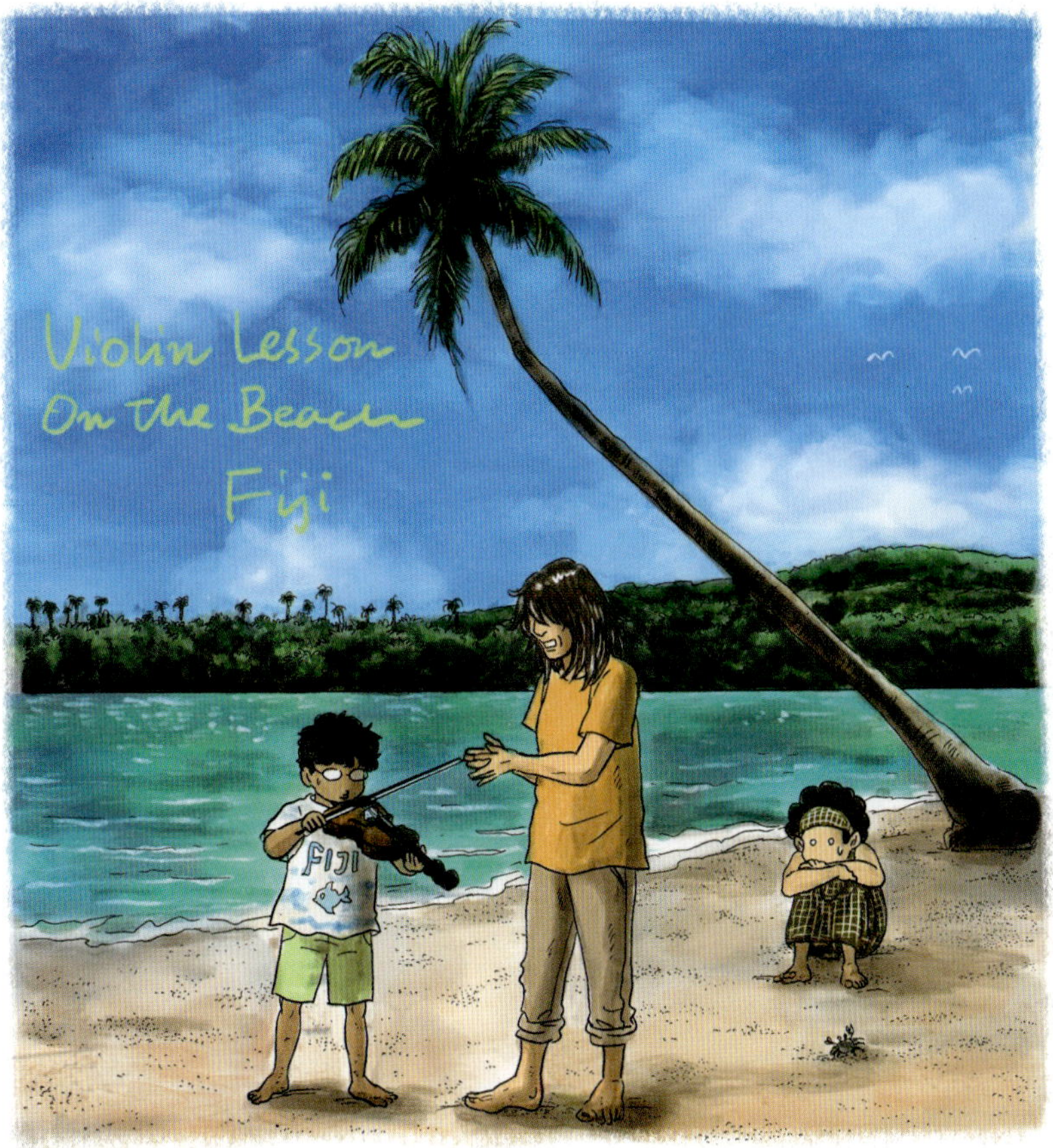

楽園のビーチで繰り広げられる
ヴィオラ母さんと孫のレッスン。

France

ニームの大雨と猫の脱走

　フランス最古のローマ都市とされるニームは、私たち家族が当時暮らしていたポルトガルのリスボンと、イタリア・ヴェネト州にある夫の実家を3日かけて車で行き来をする際の、休憩地として程よい距離の場所にありました。

　古代ローマの植民都市としての繁栄の名残で、街の中には円形劇場や神殿といった古い建造物が点在しています。そうした歴史的な要素も、私たちがこの街に立ち寄る理由の一つになっ

ていたのですが、ある夏、いつものようにイタリアからポルトガルへ帰る途中、この街で宿泊しようとしたところ、大変な事態が起こっていました。

前代未聞の大雨で河川が氾濫し、街に続く道路は途中から冠水状態。降りやまぬ雨のなか、必要最低限度の荷物と猫のゴルムを入れたケージだけを抱えて予約していた古いホテルの扉を潜《くぐ》ると、そこの床一面水浸し。従業員の女性が必死にモップで拭き取ってはいるものの、通された部屋に入ってみればなんと天井から大々的な雨漏りが。どの部屋も同じ状態だと説明され、一応バケツを用意してもらうも、息子が「別のホテルにしよう」と表情を歪《ゆが》めています。こんな雨のなか別のホテルを探すなんて大変だよ、などと言い合いながら、ゴルムのケージを開けると、天井から滴り落ちてきた雨水に驚いて、わずかに開いていた部屋のドアから飛び出して行ってしまいました。

ホテルの主、従業員、我々家族総出で必死になって探した結果、食堂の片隅でうずくまっているゴルムを発見。そんな大騒ぎをしてしまった手前、我々家族にはホテルを変えますなどと言える勇気は出ず、諦めてその雨漏りの部屋で湿り気に満ち満ちた一夜を過ごしたのでありました。

その数年後、ホテルは改装が施されてすっかりきれいになっていましたが、ニームに立ち寄る度に、あの大雨と猫脱走の一夜を思い出してしまうのでした。

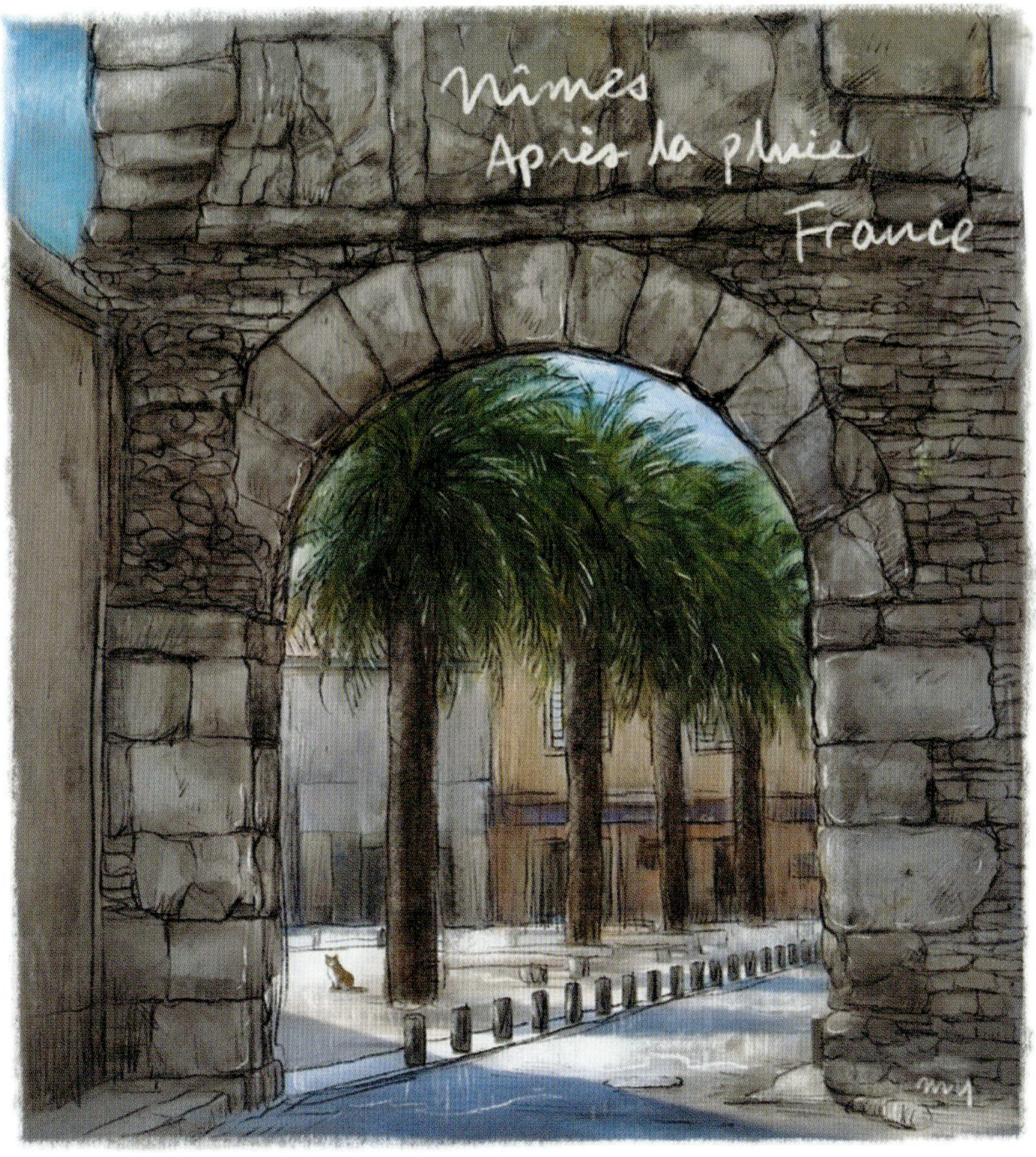

古い建造物が点在する街で起きた
雨の夜の大騒動。

真夜中のサグラダ・ファミリア

世界で最も有名な未完成の建造物といえば、バルセロナにあるサグラダ・ファミリア。着工から１４０年以上になりますが、いまだに建設は続いています。２０２６年に予定されていた完成も、コロナ禍の影響でさらに数年後に延びてしまったそうで、果たしてどうなるか。そういえば私がイタリアで画学生をしていた頃、なかなか作品を完成させられない人を「ガウディのような」と揶揄していましたが、未完成はもはやサグラダ・ファ

ミリアの代名詞であり、時間に抗《あらが》うようなプロセスもまた、この建造物の味わい深さになっていると思います。

私がサグラダ・ファミリアを訪れたのは今から15年以上前のこと。当時、私たち家族はリスボンに暮らしていましたが、夏休みは北イタリアのヴェネト州にいる夫の両親の家で過ごすのが恒例になっていたので、その際には片道約２７００㎞の距離を車で３日から４日かけて移動していました。途中スペインとフランスを経由しますが、この時は中継地をスペインのバルセロナに決定、実家からここまでの１２００㎞以上の距離を１日で一気に移動しました。早朝にイタリアを発ってバルセロナに到着したのは夜の11時過ぎ。家族は３人ともヘトヘトでしたが、ホテルへ向かう途中サグラダ・ファミリアが視界に入ってくるや否や覚醒した夫が「見に行こう！」と車を止め、私たちも眠たい目をこすりながら人影もまばらな教会の周りを散策。夜空に聳《そび》えるサグラダ・ファミリアはまるで特撮映画に出てくる巨大生物のようで、その存在感には圧倒されてしまいました。

翌日、再びサグラダ・ファミリアを訪れてみましたが、昼間に見ると夜のような有機的な存在感は感じられず、むしろ観光客の多さに家族全員辟易《へきえき》してしまいその場から退散。今でも私たちの記憶に刻印されているのは、真夜中に見た、今にも動きだしそうな佇まいのサグラダ・ファミリアなのでした。

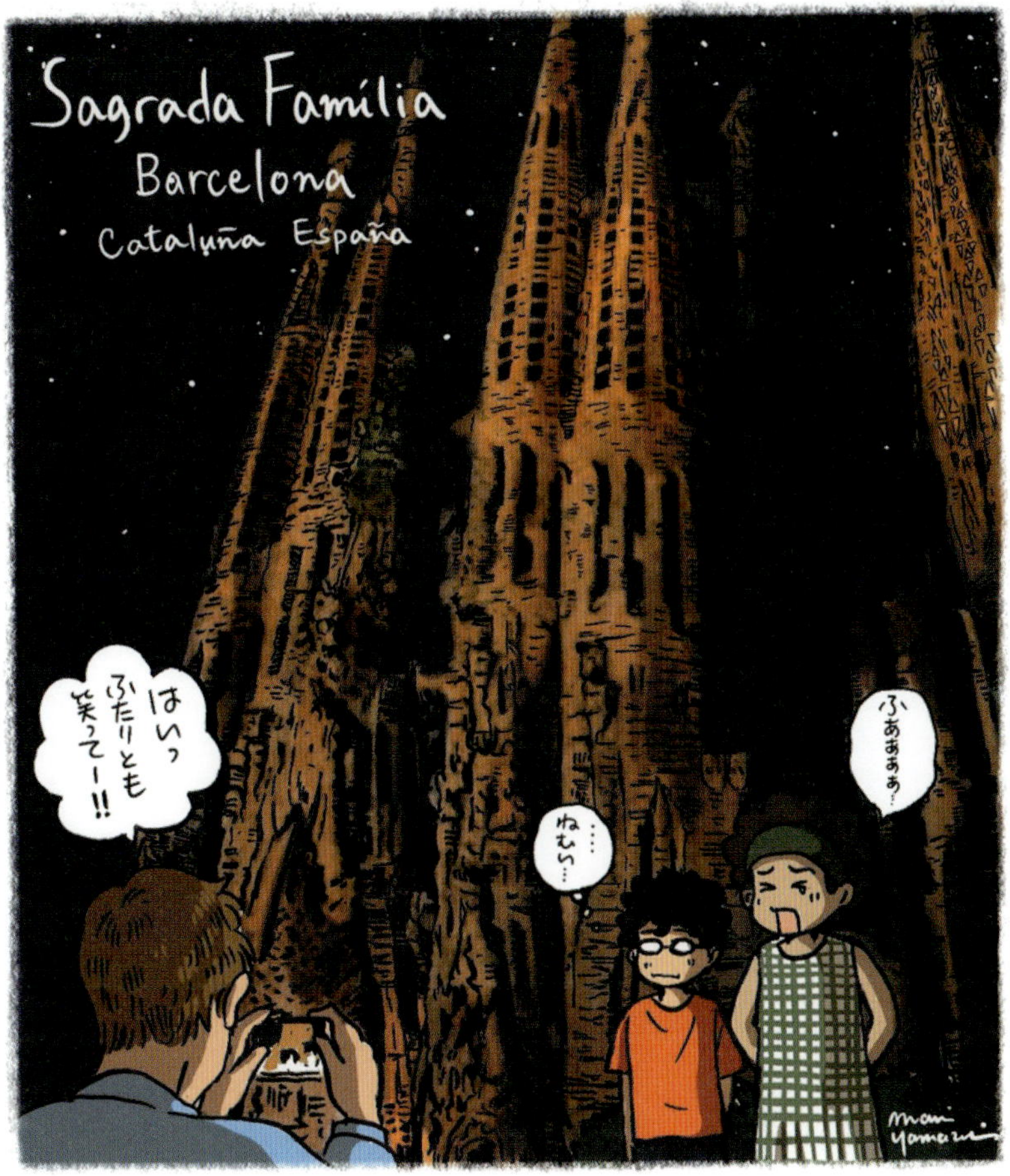

観光は昼間のみにあらず。
真夜中に見る建造物の
存在感に圧倒。

Morocco

カサブランカと赤いスリッパ

２０１０年4月、アイスランドの火山噴火の影響でヨーロッパ各国の領空が封鎖となり、飛行機での移動がしばらくできなくなってしまったことがありましたが、その時、復活祭の休みで日本に滞在していた私と息子も、当時暮らしていたリスボンへ帰れなくなってしまいました。

　息子の学校は普通に授業が始まっていましたが、ヨーロッパ行きの飛行機は待てど暮らせど毎日欠航。何か手段はないかと

調べてみると、香港、カタール、リビア、モロッコのカサブランカという経路であればポルトガルに到達できるルートを発見。早速航空券の手配をしようとしていたところ、その様子を見ていた母が自分も一緒について行くと言い出しました。若い頃に映画『カサブランカ』を見て以来、いつか行ってみたいと思っていたというので、母の分のチケットも調達。いくつもの空港を経由しつつカサブランカへ到着し、リスボンまでのトランジット滞在を1日増やして、母の憧れの街の散策に繰り出しました。

最初は「映画で見たのとえらい様子が違うわね」と、ビルの立ち並ぶ光景を見て意外そうな表情の母でしたが、旧市街の市場オールド・メディナへ連れて行くと「そうよ、ここよ！」と

【『カサブランカ』】

（1942年　アメリカ）

第二次世界大戦中のモロッコの都市カサブランカを舞台にしたラブロマンス映画。主演ハンフリー・ボガートによる名セリフ「君の瞳に乾杯」でも広く知られる。

大興奮。市場をいろいろ物色しつつ歩いていると、母が突然靴が欲しいと言い出しました。通りで見かけた男性が、先の尖ったスリッパのような靴を履いているのを見て、それと同じのが欲しいというのです。確かに言われて見れば、周りには母の説明と同じ仕様の靴を履いている人がたくさんいます。早速バブーシュと呼ばれるそのモロッコ伝統のスリッパ屋さんを見つけた母は、嬉々として赤い生地に細かい刺繍の施された一足を選びました。カサブランカの滞在はあっという間でしたが、憧れの街で素敵な買い物ができた母は「来てよかった!」と大満足の様子でした。

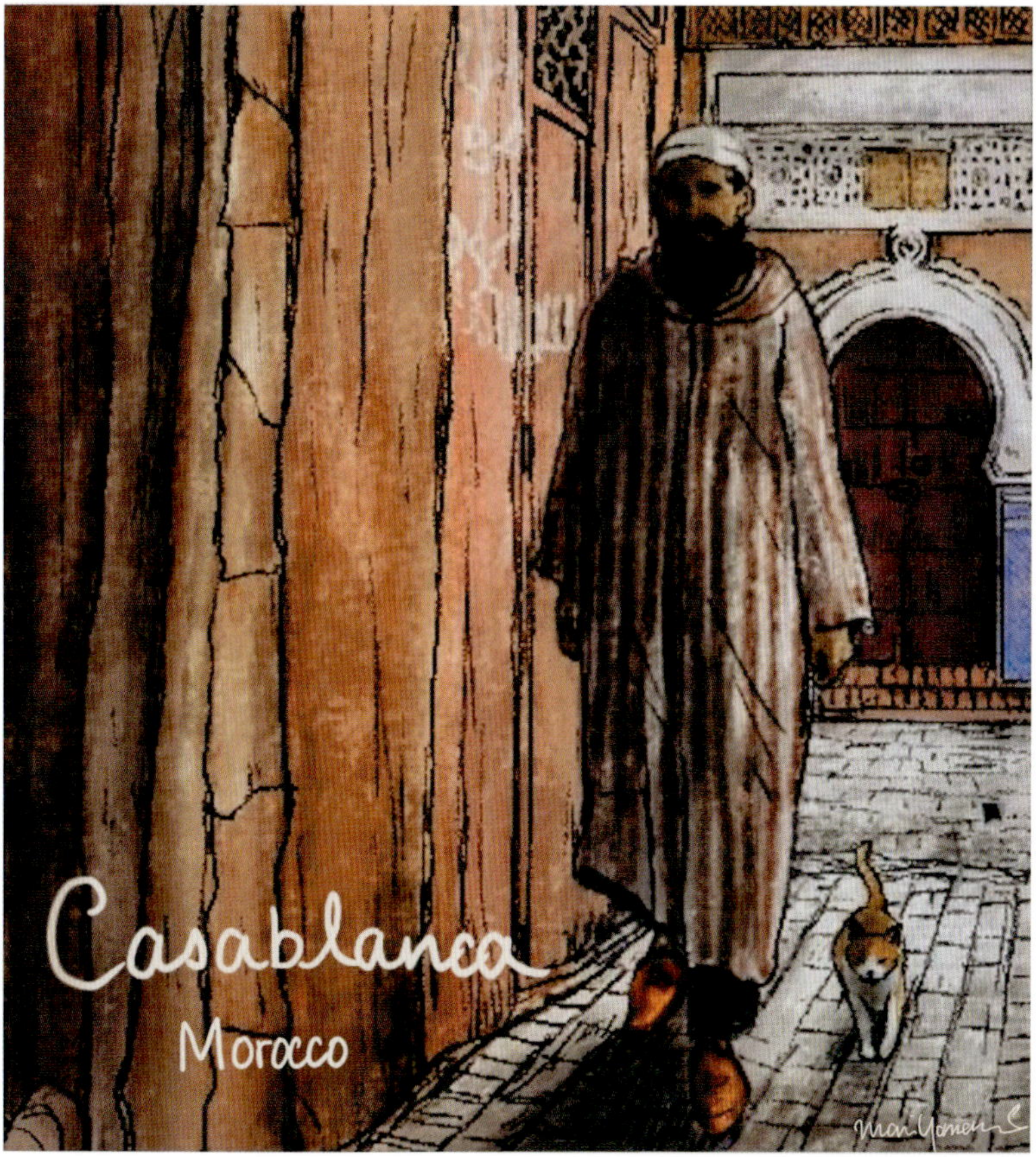

旧市街の市場で見つけた
モロッコ伝統のバブーシュ。

Okinawa

今帰仁の〝老人と海〟

ここ数年、毎年夏になると沖縄県の今帰仁村《なきじんそん》に1週間ほど滞在するのが恒例になっています。最初にこの村を訪れたのは10年以上前、日本での滞在中に家族全員で沖縄美《ちゅ》ら海水族館を訪れたのがきっかけでした。ドライブ中に偶然行き着いた今帰仁の浜辺は、砂浜に到達するにも生え放題の植物をかき分けながら進まなければいけないほど手付かずの状態でしたが、そのありのままの自然を残した慎ましくも野生的な光景が忘れられず、

それから何度かの夏をそこで過ごしてきました。

　気温の高い昼間は古民家で仕事をし、午後の遅い時刻になると人影もないこの静かな浜辺へ行くというのが我々の今帰仁滞在での日課ですが、浜辺へ行くといっても泳いだりするわけではありません。砂浜に寝そべってただぼんやり海を眺めたり、引き潮になれば浅瀬伝いに岩の向こう側へ探索に行って、気持ちの赴くまま歩いたり、休んだり。そうやって目的を持たずに費やす時間ほど、私にとって贅沢なものはありません。

　数年前、息子と浜辺を歩いていると、一人の老人と出会いました。今帰仁生まれだというその人は齢《よわい》80歳、褐色の逞《たくま》しい腕には畳んだ網を抱えています。夕方になると時々ここへ来て網で魚を獲っているとのこと。かつては都会で仕事をしたこともあるけれど、この海が恋しくて戻ってきてしまったのだそうです。

「でも、本当は仕事がうまくいかなかったからなんだけどね」と補足しつつも、「まあ、お金がなくても、ここには魚がいるからさ」と微笑む皺だらけの顔を見ているうちに、私はヘミングウェイの『老人と海』を思い出してしまいました。

時刻はちょうど夕暮れ時。大空を染める鮮やかな茜色をバックに一人佇む老人の姿のかっこよさは、今帰仁の、人に媚びない美しい海の印象をさらに際立たせていました。


【『老人と海』】

（1952年　アメリカ）

作家アーネスト・ヘミングウェイによる小説。不漁続きのキューバの漁師サンチャゴに巨大カジキを釣り上げたのちに降りかかる数々の試練と自然の驚異。その中で屈することのない人間の精神力を描く名作。本作で1954年にノーベル文学賞を受賞した。

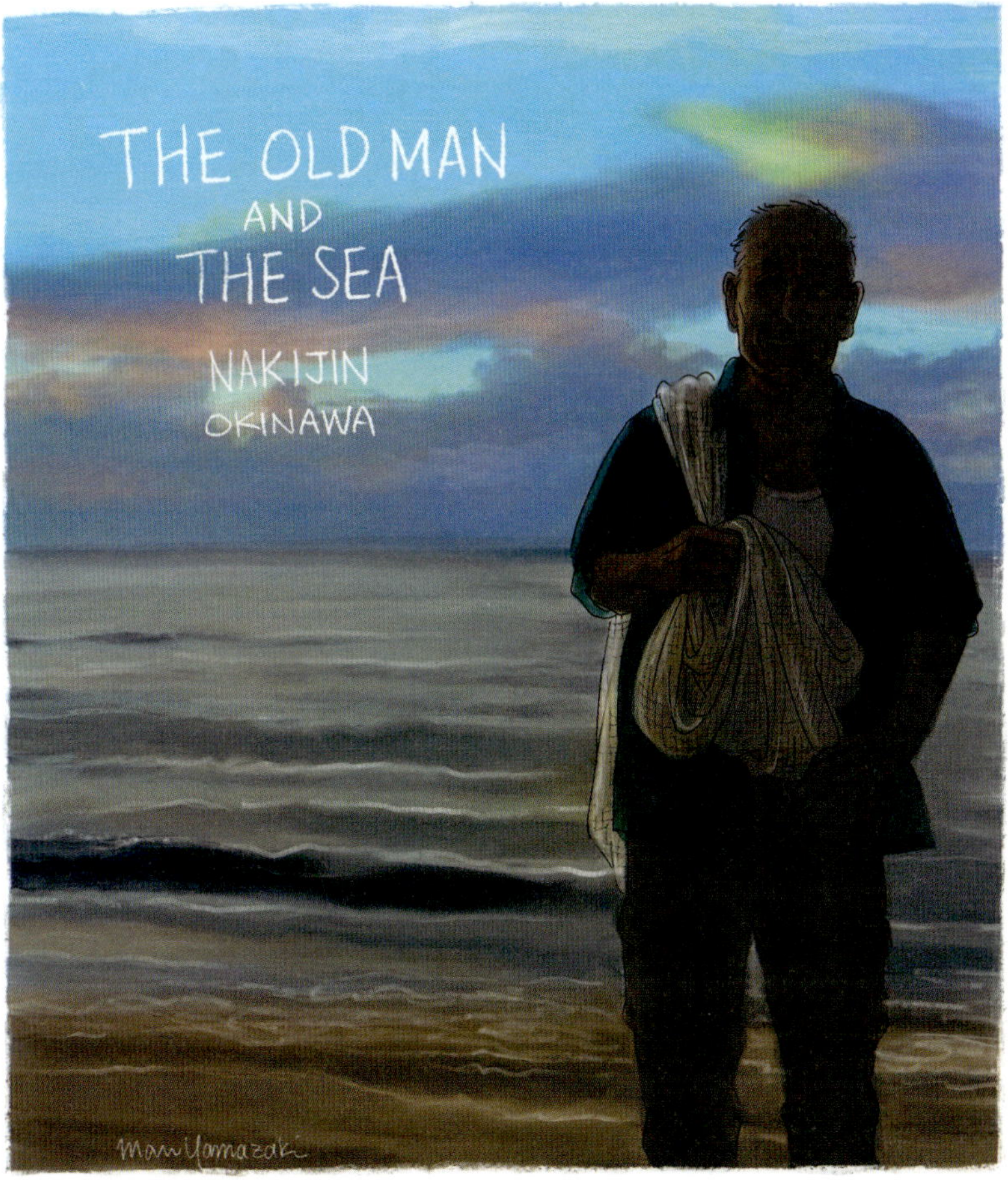

大空が茜色に染まる
浜辺で出会った
老人の思い出。

Canada

トロント国際映画祭での一幕

カナダのトロント国際映画祭で『テルマエ・ロマエ』がプレミア上映されたのは2012年9月のこと。当時シカゴに暮らしていた私たち家族も現地入りし、私は着慣れない着物を母から借りて、人生で初めてレッドカーペットなるものに足を踏み入れました。

主人公を演じた阿部寛さん、そしてヒロイン役の上戸彩さんがエントランスに現れるとオーディエンスからは大きな歓声が。

【トロント国際映画祭】
毎年9月にカナダのトロントで開催される世界有数の映画祭。1976年に初めて開催され、現在ではカンヌ、ベルリン、ヴェネツィアと並ぶ重要な映画祭の一つとされている。

普段は滅多《めった》に緊張をしない私ですが、その時ばかりは足がすくむような思いでした。

早速メディアからのインタビューが始まり、阿部さん、上戸さんの通訳を時々しながらも、原作者である自分にもいくつかのマイクが向けられた状態に。トロントには実は大きなイタリア系移住者のコミュニティもあり、祖国の古代時代と日本を舞台にした原作について、いつまでも質問がやみません。

突然、背後から馴染みのある声が響いてくるので不思議に思い振り返ると、よれよれのTシャツを着た高校生の息子デルスが、汚いサンダル履きのままレッドカーペットに立っている姿が目に入りました。

「あんた、ここで何してるのよ！」と思わず声を上げるも、息子は戸惑った顔で私を見るばかり。すかさず彼の隣にいた阿部さんが「いいのいいの、今通訳してくれてるんだから！」と私を宥《なだ》めました。通訳の人手不足となり、急遽、デルスは複数のメディアに向かって阿部さんの発言を訳していたのです。先に会場に入って前方の巨大スクリーンに映し出されるレッドカーペットの様子を見ていた夫は、そこにいきなりデルスの顔と鬼の形相の私が大写しになって、座席からずり落ちそうになったそうです。

映画の上映終了後、会場は観客総立ちのスタンディングオベーションとなり、阿部さんも上戸さんも私も満面の笑み。デルスにはその夜ホテルに戻ってから、あらためて声を上げたことを丁寧に謝りました。

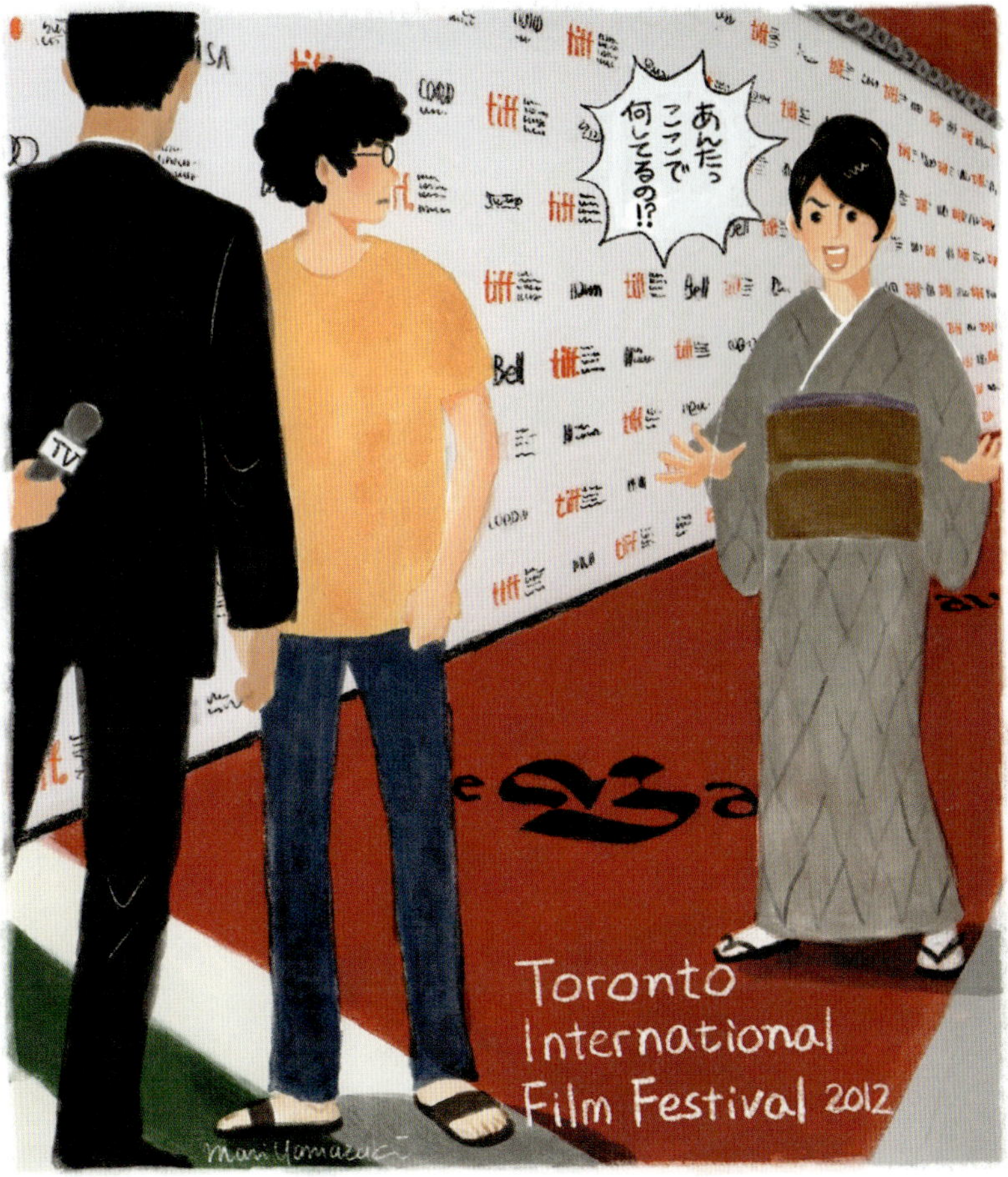

華やかなレッドカーペットの上に立つ、
サンダル履きのわが息子。

第7章

Ruins

遺跡

シチリア
アグリジェントのギリシャ神殿

イタリアの南部がかつては古代ギリシャの植民地だったことをご存じでしょうか。フィレンツェでの留学時代、シチリア出身の友人ができて、初めて彼女の故郷を巡った時に訪れたアグリジェントの「神殿の谷」と呼ばれる丘の上に、２６００年も前に建てられたこれらの神殿を目の当たりにした私は、歴史の質感によって象《かたど》られた想像を絶する圧倒的な存在感に、言葉を失って立ちすくんでしまったほどでした。

アグリジェントがシチリア在住のギリシャ人たちによって植民地となったのは紀元前580年頃に遡《さかのぼ》ります。その300年後に共和政ローマの支配下に置かれるまでは、本土にも負けないギリシャ都市として最大で30万人もの人口を抱えて栄えていましたが、現在はオリーブやアーモンドなど地中海らしい植生に囲まれたのどかな景観が周辺に広がっています。私もアグリジェントにはもう何度も訪れていますが、晴れ以外の天気だったことがありません。抜けるような青空をバックに聳《そび》え立つ褐色の神殿を見ていると、イタリアという国土の広さと、歴史の多様性を痛感させられます。

そういえば、まだ幼かった息子を連れてこの地を訪れた時は、春であるにもかかわらず肌がジリジリするような暑さで、息子は上半身裸になって歩いていました。すると、神殿の前に集まっていた日本の中年女性の観光客たちが息子の周りに集まって「あら、地元の子ども！」と盛り上がり、皆彼と一緒に写真を撮影し始めました。確かに日に焼けた息子の佇まいはアグリジェントの空気に溶け込んでいましたが、楽しそうな女性たちに圧倒されたのか、彼は複雑な表情のまま黙り込んでいました。地元の子どもとして、壮麗な神殿の前で困惑した表情の息子の姿が写っている写真が彼女たちのアルバムに収められていることを想像すると、申し訳ない半面、ちょっと可笑しい気持ちになります。

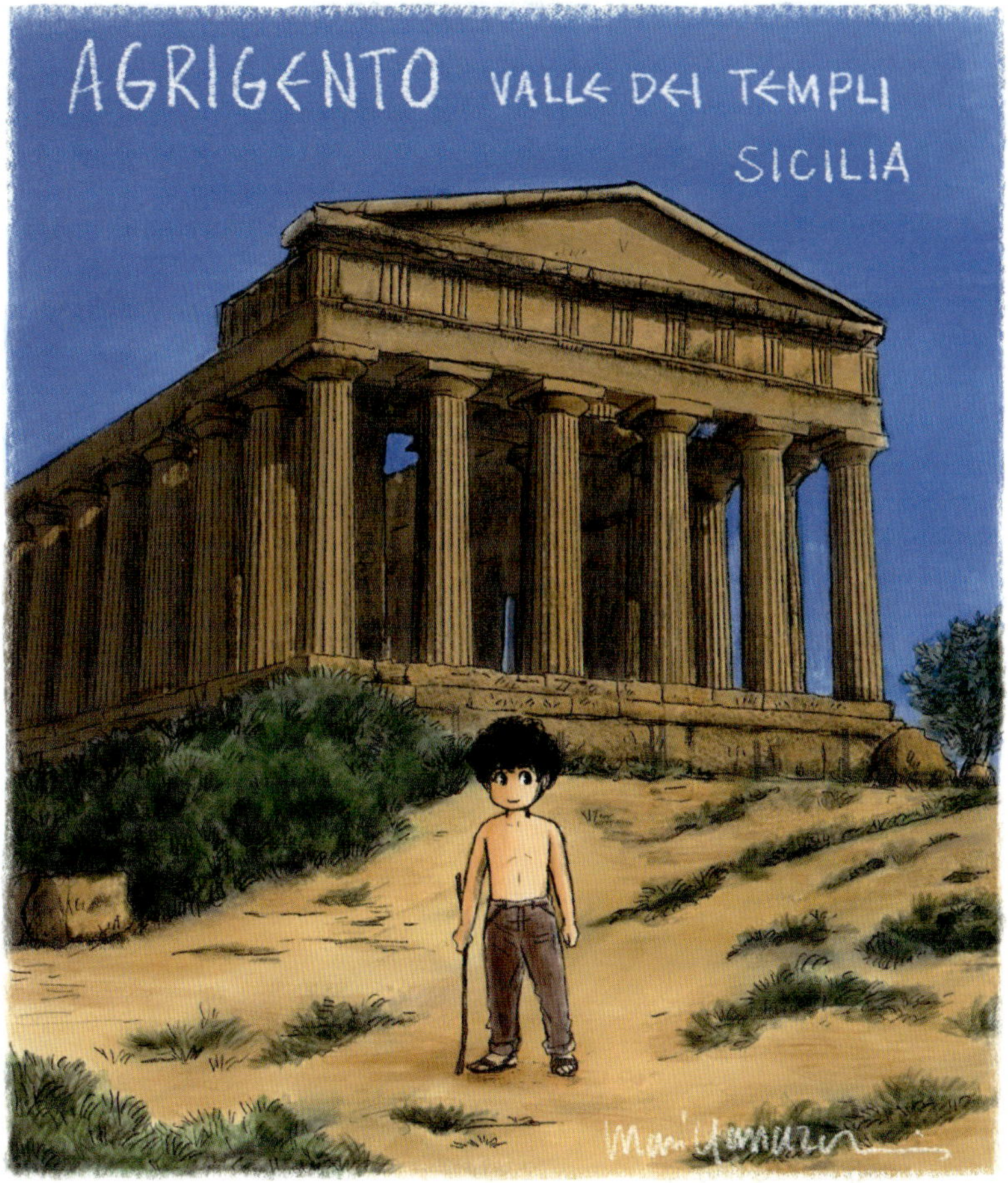

地元の景色に溶け込んだ
神殿で遊ぶ日に焼けた息子の姿。

Turkey

カッパドキアの気球体験

世界には不思議な形状をした場所がいくつもありますが、トルコのカッパドキアはそのなかでも代表的なものといえるでしょう。「妖精の煙突」や「キノコ岩」と呼ばれる奇岩の自然文化的側面と、古代から築かれてきた人間と社会の歴史という文化的背景が評価され、１９８５年にはユネスコの世界遺産に登録されました。

切り立った岩肌や、天に向かってそそり立つ岩々に囲まれた

この都市には、時には敵から身を隠す場として、社会生活の場として、さらには中東やアジアと西欧を結ぶ中継地点として、あらゆる地域の思想・哲学や宗教、そして商業の交易によって高い文化意識がもたらされてきました。

そんなカッパドキアを初めて訪れたのは10年ほど前、現地に暮らして観光業に携わる日本人女性をテレビ番組で取材するのが目的でした。その女性はカッパドキアの名物でもある気球体験のコーディネートも手がけていて、取材班のスタッフたちもカッパドキアを上空からぜひ見てみたいと盛り上がり、仕事とは別に個人的に気球にトライすることになりました。私はといえば、高い場所は苦手なのですが、またとない機会だと思って、思い切って体験してみることにしました。

乗り込んだ気球は瞬く間に上空へと浮かび上がり、地上を見下ろすと航空写真のような景色が果てしなく広がっていました。最初は足がすくみましたが、下から見ただけでは感じられないダイナミックな光景は圧巻、周辺に浮かんでいるたくさんの気球がまるで空と茶色い岩肌の間に咲いた花のようで、思わず感嘆の声が漏れてしまいました。

地面を歩きながら岩とともに歩んできた歴史を感じ、上空からは地球という惑星のスケールの大きさを体感できるというカッパドキアは、これからも時空を超えて人々の心を捉え続けていくのでしょう。

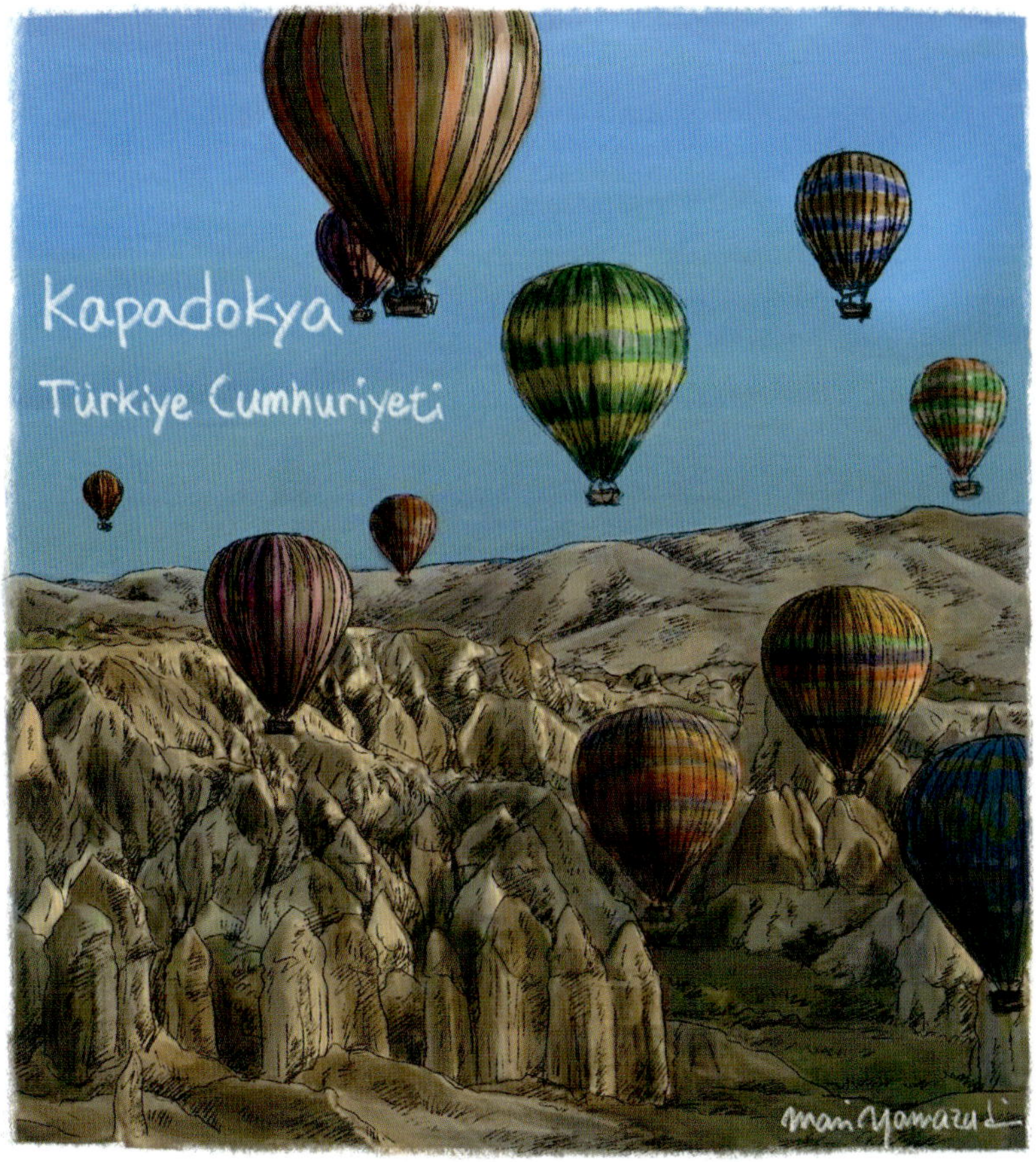

上空と地上から人々を魅了する
自然が築いた世界遺産。

Italy

トリノ　エジプト博物館

　イタリアの北西部に位置するトリノはフランス国境に近く、美味しいワインやチーズ、トリュフの名産地としても有名ですが、屋根裏窓の付いた建造物やカフェなど他のイタリアの都市と比べると街の雰囲気はフランスに近く、イタリアという国の多様性を実感させてくれます。

　１８６１年、イタリア統一の流れの中で成立したイタリア王国の首都となり、現在世界遺産に登録されている王宮や宮殿は

まさにこの時期に建てられたもの。イタリアを代表する自動車メーカー「フィアット」もトリノで生まれた会社ですが、文化面でも経済面でも大きく繁栄していたその名残が随所に感じられます。

見所としては、例えばキリストの遺骸を覆ったとされる聖骸布が保管されていることで有名な「聖ヨハネ大聖堂」や、近代映画の歴史を楽しめる「映画博物館」、紀元1世紀に建てられた古代ローマ時代の門に石畳、街の遠方には標高3000〜4000mのアルプスが望めるなど、どこに視線を向けても素晴らしい素材だらけ。

そんな中でもお薦めは「エジプト博物館」。なぜトリノにエジプト博物館が⁉ と思ってしまいますが、なんとこの博物館の発掘品の所蔵数は4万点。展示室の広さはあわせて1万2000㎡。カイロのエジプト考古学博物館に次いで世界第2位の規模を誇るほど、エジプト考古学においては重要な拠点となっています。

かつてナポレオンのエジプト遠征に従軍したエジプト学者が、イタリア王国を司ったトリノのサヴォイア家に仕えていたという理由で、コレクションがこの地に集められたのが博物館設立のきっかけだそうですが、今ではトリノを訪れたら必ず誰しも足を運ぶ名所となっています。

そういえば、私も夫と結婚したのは、当時彼が留学していたカイロのイタリア領事館でした。イタリアとエジプトの関係性は私たちにとっても実は身近なものなのでした。

エジプト考古学の拠点がイタリアにも!
足を運ぶ価値のある名所。

アクイレイア遺跡のモザイク

ヴェネツィアからトリエステへ向かう途中に、アクイレイアという町があります。現在は比較的小さな町ですが、古代ローマ時代には10万人もの人々が暮らす、「第二のローマ」とも称されていた大都市でした。

ヴェネト州の生まれである夫にとって一番身近かつ何度も訪れたことのある思い出深いローマ遺跡といえば、このアクイレイアだったそうで、そんなことから私も息子も何度となくここ

を訪れています。

　現在、観光客が見ることができるのは発掘されているごく一部の遺跡のみであり、土の中には豊かだった時代のさまざまな軌跡が今も埋もれているわけですが、一番の見所といえば紀元4世紀に建てられた大聖堂でしょう。建物の中に入ると、床一面に展開される壮大なモザイクに誰しも圧倒されること間違いなし。私も夫も中東から欧州に至るまでさまざまな古代ローマ時代のモザイクを見てきましたが、これほどのスケールのものはなかなか存在しません。まさに西ローマ帝国最大といわれるだけの規模です。

　モチーフが旧約聖書のヨナの物語なのは、このモザイクが作られたのが皇帝コンスタンティヌスによってキリスト教が公認された直後だからですが、何より目を引くモチーフは地中海に生息しているあらゆる種類の海洋生物たちでしょう。スズキや鯛など見ただけで名前がわかる、お馴染みの魚もいれば得体の知れない生物もあり、とにかく何時間見ていても飽きることがありません。所々に丸い背に5つの目のようなものが描かれた未確認生物が気に掛かり、あれは何かと地元の人に聞いてもわからないと言うので、自分で調べてみた結果、電気エイであることが判明。大聖堂の床はまさにモザイクによる海洋生物図鑑なのです。

アクイレイアは、イタリアと同じく海と共生するわれわれ日本人にとって、特別な馴染み深さを感じさせる唯一無二の遺跡なのです。

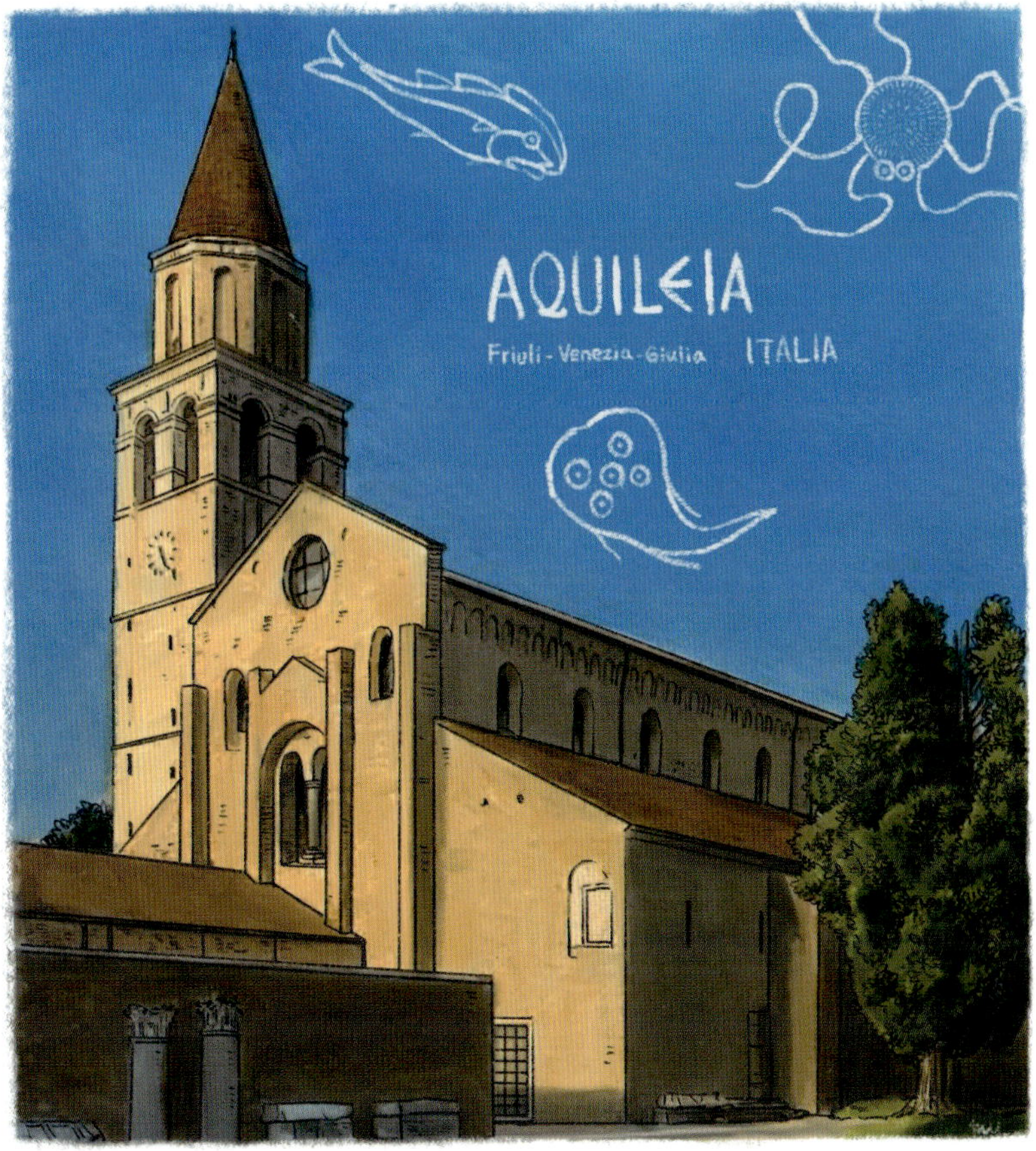

大聖堂の床に広がる
壮大な海洋生物図鑑。
これぞ日本人に馴染み深い、
唯一無二の遺跡。

本書は、JALグループ機内誌『SKYWARD』で
連載中の「ヤマザキマリの世界逍遥録」
2020年11月号〜2023年10月号掲載分より31編、
JALカード会員誌『AGORA』2022年1･2月号に
掲載の「ヤマザキマリ 聖なる島々へ」を再編集し、
まとめたものです。データは掲載当時のものです。

ヤマザキマリの世界逍遥録Ⅱ

2024年10月29日　初版発行

著者　ヤマザキマリ

発行者　有本 正

発行所　株式会社JALブランドコミュニケーション
〒140-8643 東京都品川区東品川2-4-11
野村不動産天王洲ビル
03-5460-3971（代表）
https://www.jalbrand.co.jp/

発売元　株式会社KADOKAWA
〒102-8177 東京都千代田区富士見2-13-3
0570-002-008（ナビダイヤル）
KADOKAWA購入窓口
https://www.kadokawa.co.jp/

印刷・製本　株式会社広済堂ネクスト

Printed in Japan
ISBN 978-4-04-899344-9　C0095

定価はカバーに表示してあります。

デザイン／俵 拓也 ＋ 石原 環（俵社）
本文写真／大城 亘